LEGO'S RECIPE

レゴ®レシピ

いろんな車

ウォーレン・エルスモア

LEGO'S RECIPE

レゴ®レシピ

いろんな車

ウォーレン・エルスモア

玄 光 社

BRICK CARS AND TRUCKS

A Quintet Book

Copyright © 2016 Quintet Publishing Limited.
Japanese translation text © GENKOSHA Co., Ltd.

First edition for the United States and Canada published in 2016 by Barron's Educational Series, Inc,
250 Wireless Boulevard
Hauppauge, NY 11788
www.barronseduc.com

First Japanese edition published in Japan in 2017 by GENKOSHA Co., Ltd.,
4-1-15 Iidabashi, Chiyoda-ku
Tokyo 102-8716, Japan
Phone: +81 3 3263 3515
Fax: +81 3 3263 3045
www.genkosha.co.jp
through the rights arrangement by Japan Uni Agency, Inc., Tokyo, Japan

This book was conceived, designed, and produced by Quintet Publishing Limited
Ovest House
58 West Street
Brighton, East Sussex
BN3 1DD
United Kingdom

Photographer: Neal Grundy
Designer: Gareth Butterworth
Art Director: Michael Charles
Project Editor: Caroline Elliker
Editorial Director: Emma Bastow
Publisher: Mark Searle

Cover design: Atsushi Takeda (Souvenir Design)
Translation: Shuichi Yoshida (Designcraft)
Japanese typesetting: Souvenir Design
Japanese copy-editing: Aki Ueda (Pont Cerise)
Production: Aki Ueda (Pont Cerise)

Printed in China by C & C Offset Printing Co Ltd.

レゴでつくる車の世界へようこそ！

　この本を書くにあたって、私たちは「レゴ® クラシック」シリーズからインスピレーションを得ることにしました。このセットはまさに、多くの人が手に入れやすいものです。もちろん、すべてが2×4ブロック、2×2プレート、1×3スロープといった標準型だけのセットになっているわけではありませんが、それでも誰もがレゴのブロックだと認識できるセット内容になっています。

　この本で紹介している車をつくる際、重要になってくるのが色です。「クラシック」セットのブロックが、必ずしも求めている色でない場合もあります。そのような場合は、複数の「クラシック」セットを用意しておくと便利です。もちろん、お手持ちのブロックに合わせて自由に車の色を変えてもかまいません。

　最後に、この本に掲載されている車をつくる際、手順に書かれているパーツが手元になかったとしても、心配は無用です。私たち自身、ひとつのスロープの上にどのスロープを重ねるべきか——そういったことを長い時間かけて決めていきましたが、結局はそれも個人の好みです。別のパーツを使った方が見栄えが良いと思えるのなら、それはそれで素晴らしいことです！　レゴに良いも悪いもありません。つくりあげていくプロセスが楽しければ、それでよいのです。

ウォーレン・エルスモア

contents
もくじ

ドラッグレースカー

ドラッグレースは、世界中で人気の
モータースポーツです。ドラッグレー
スカーの形や種類はさまざま。共通
するのは、より速く走るためにつくら
れているということです。ここでは、ク
ラシックタイプのレーシングカーをつ
くってみました。低くて長いノーズ、そ
して後部が一段と高くなっているの
が特徴です。ノーズの長いシャーシ
をつくるには、2つのプレートのセット
を並べて使い、前輪の車軸を真ん
中よりもかなり前につけます。

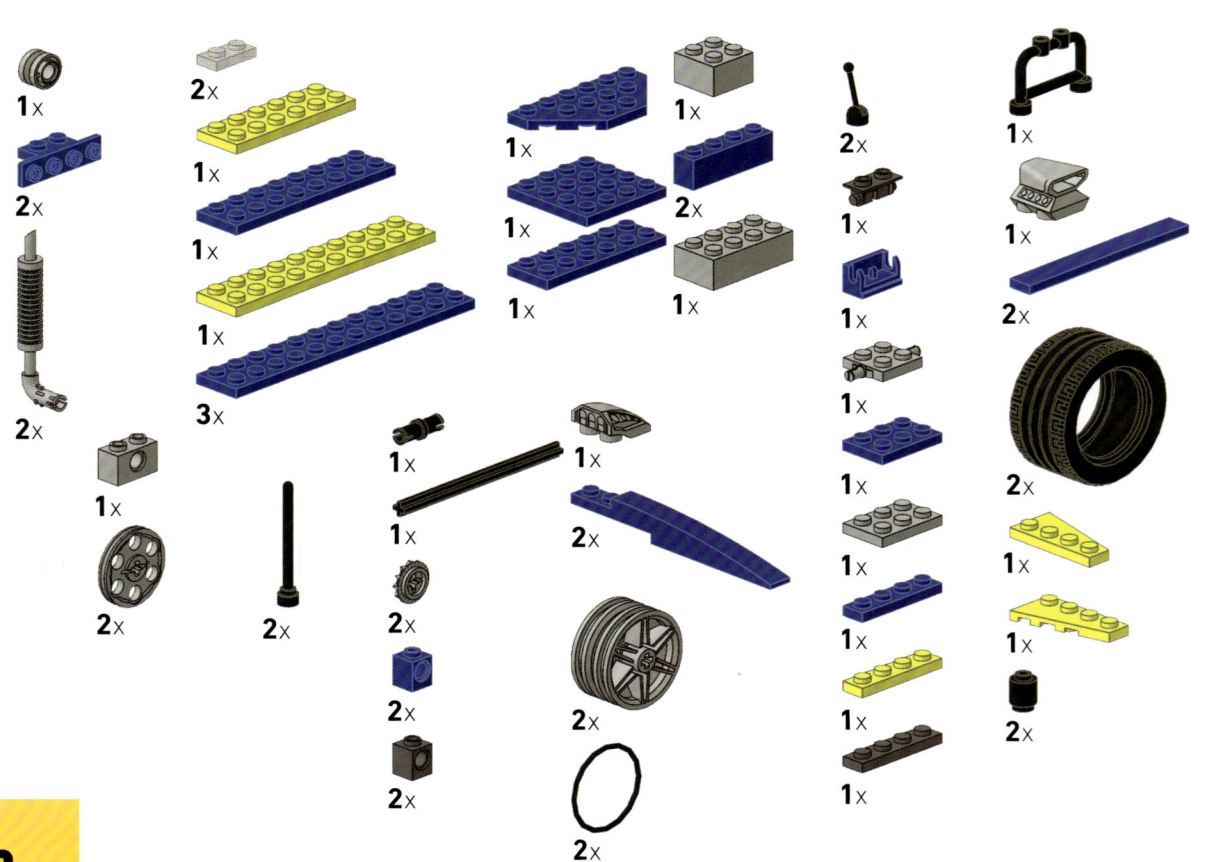

ドラッグレースカー

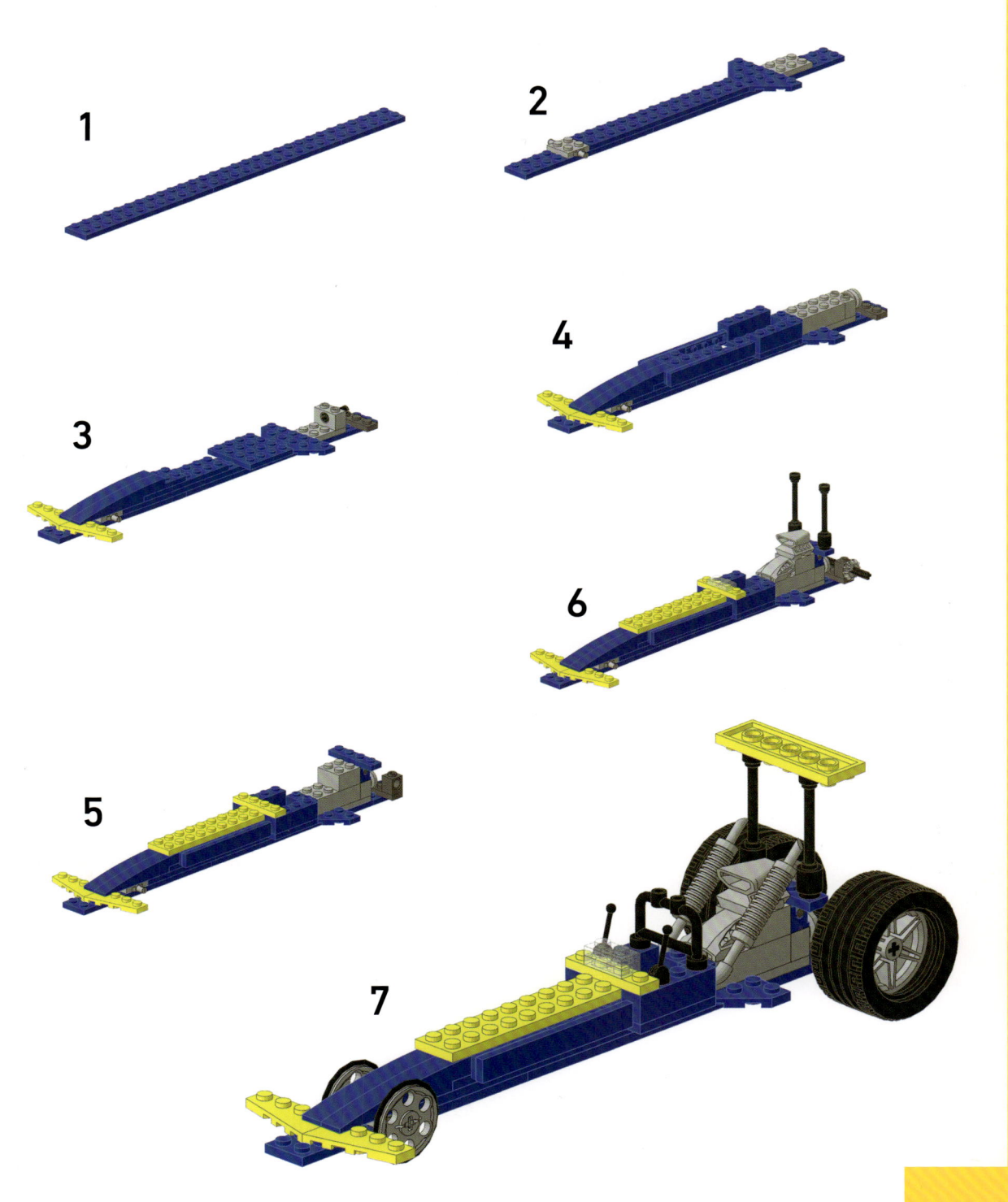

モンスタートラック

モンスタートラックは基本的には大型のピックアップトラックですが、巨大なタイヤと超級のサスペンションを装備しています。車輪とタイヤがホイールアーチより大きいのも特徴です。ホイールアーチ下の複数のプレートに車軸を設置することで、サスペンション効果が高まるようになっており、この仕組みはほかの車の上を乗り越えていくモンスタートラックにとって必須の構造です。

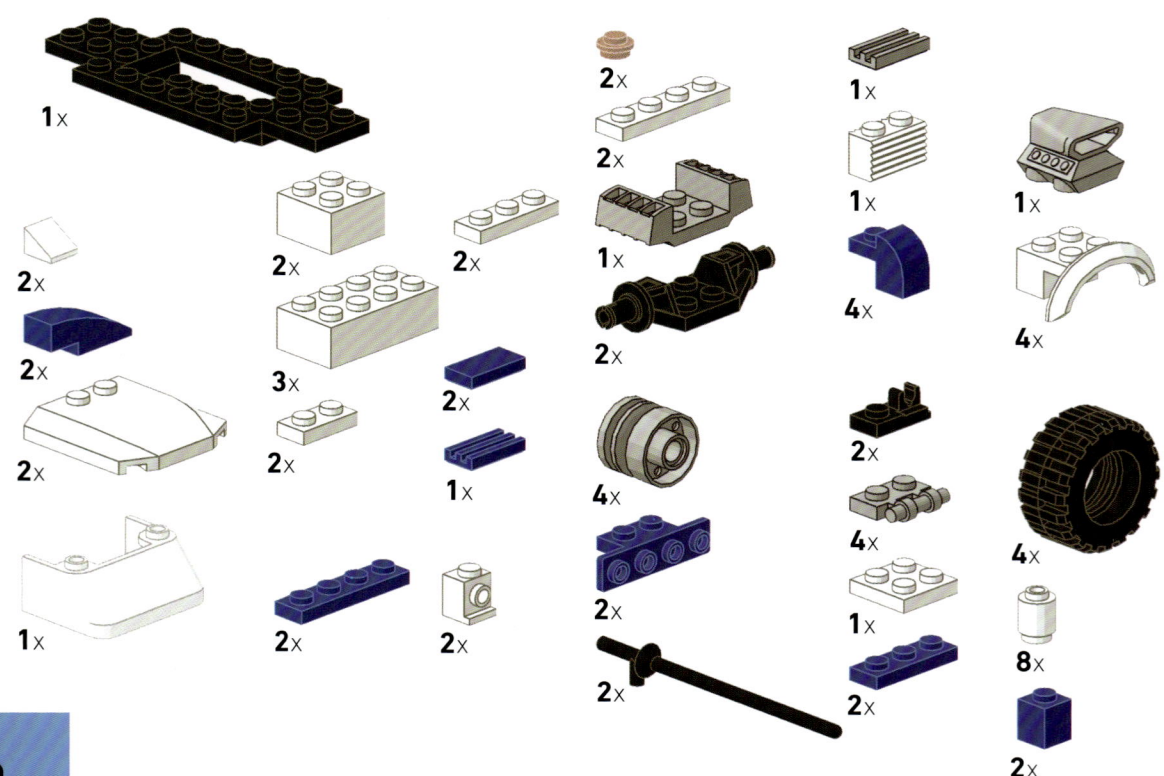

モンスタートラック

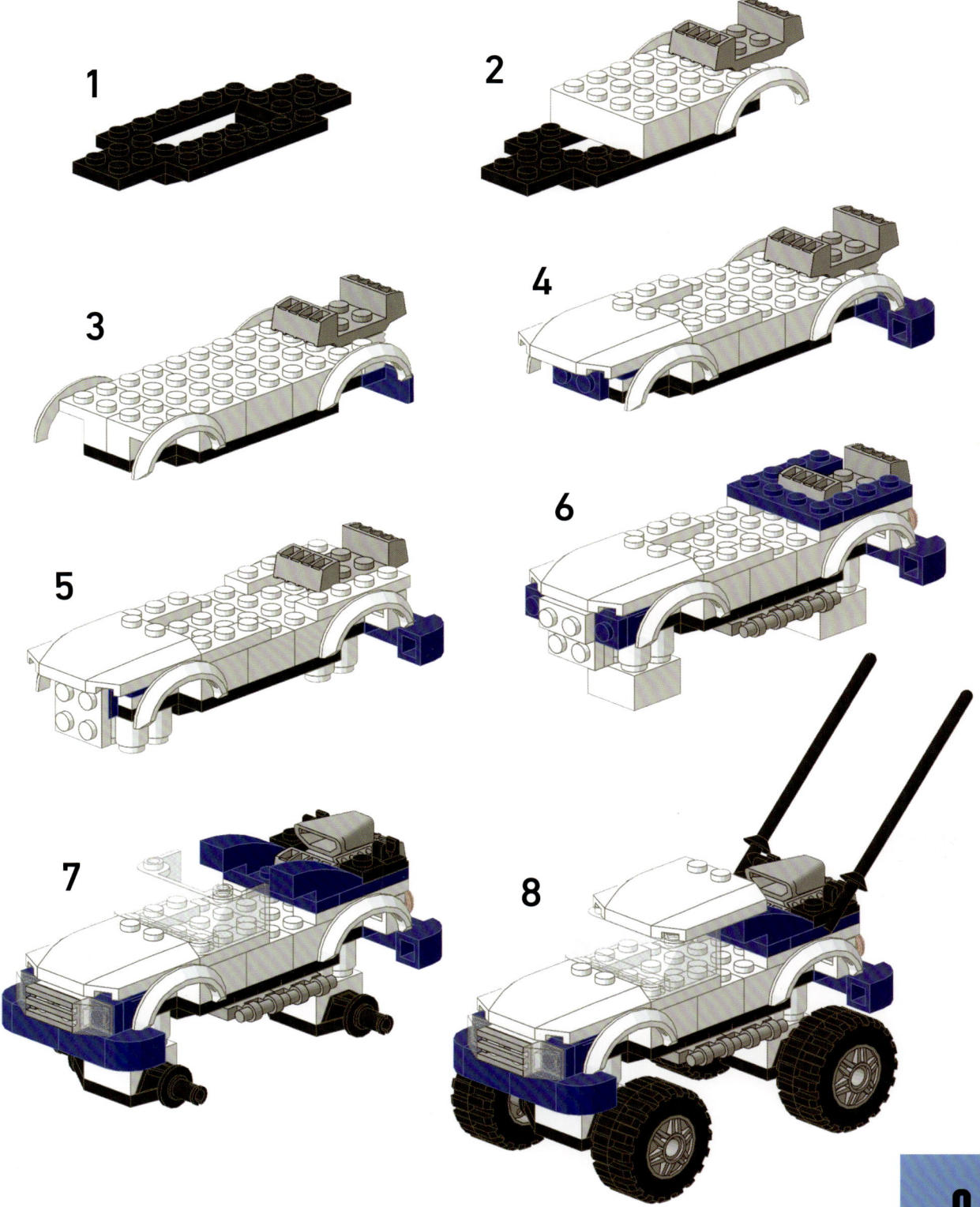

ゴミ収集車

ゴミ収集車の種類はいくつかあり、運転席上部のアームでゴミ箱を持ち上げて圧縮機にゴミを入れるタイプや、この模型のようにトラック後部へとアームを持ち上げるタイプのものもあります。ここでは、1×2×3のパネルとブロックを交互に使ってトラック側面の波形を、1×2のプレート（階段付）で前面のラジエーターを再現しました。屋根の部分には警告灯がついてます。警告灯には1×1の円形透明オレンジプレートを使っています。

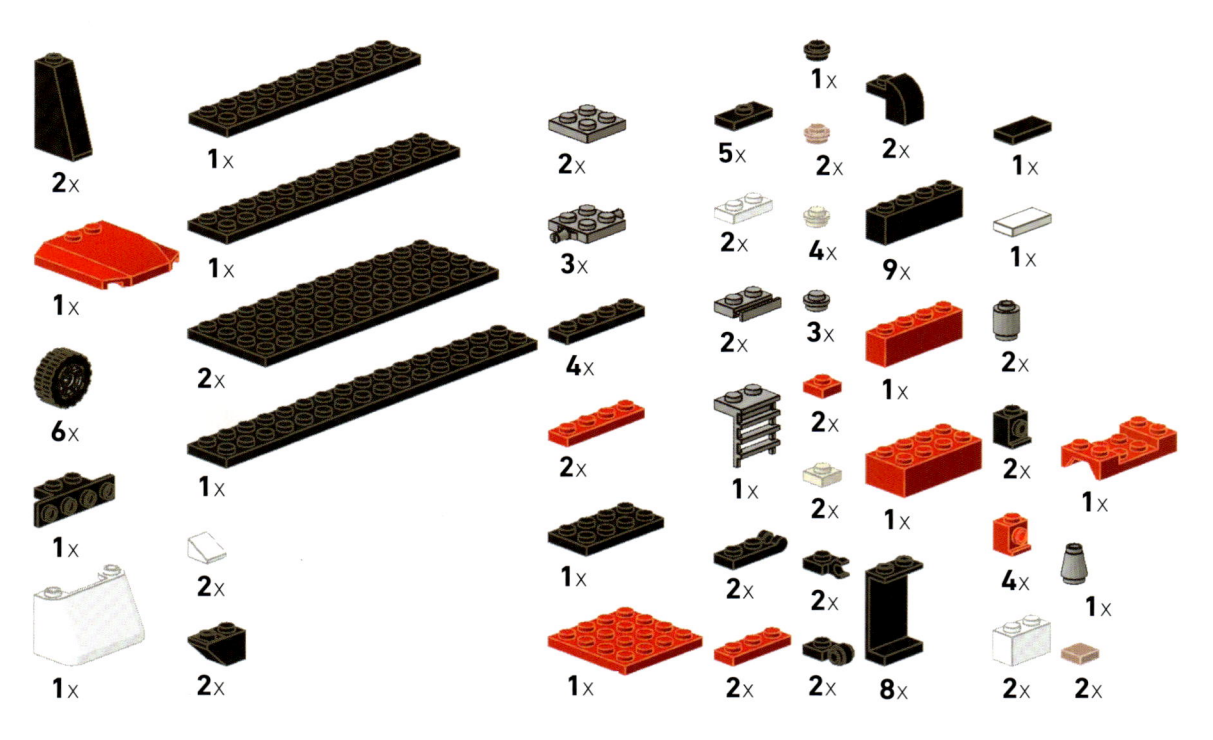

ゴミ収集車

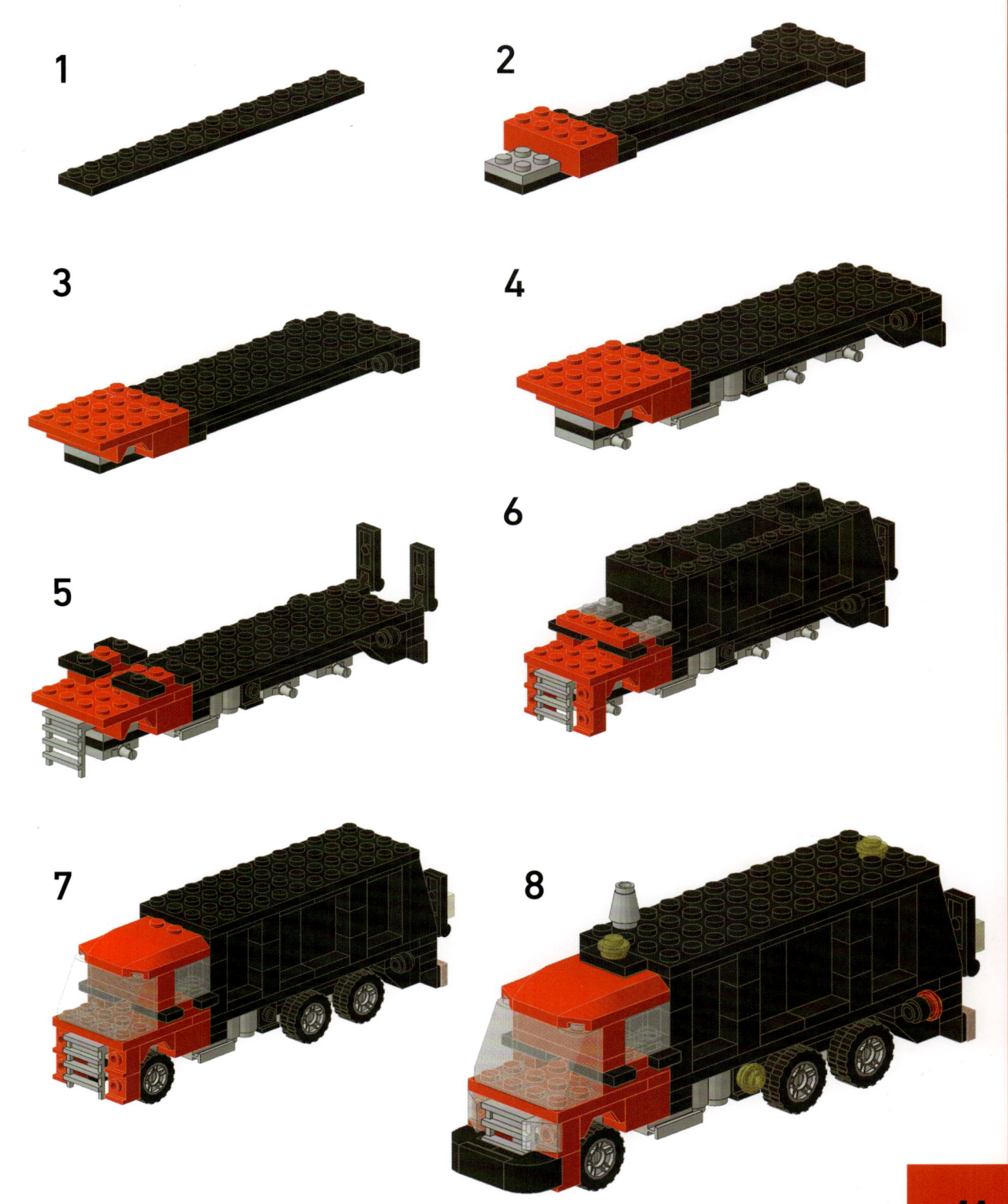

トレーラーキャブ（けん引車）

重い積み荷を引っ張るパワフルなけん引車。運転しやすいように車輪は3対あり、複数のトレーラーを一度にけん引できるトレーラーキャブは、強力なパワーを誇ります。長距離を走るため、多くのトレーラーキャブには運転手が横になって眠れるスペースがあります。前面は長さ3と長さ4の丸棒と1×1のプレート（水平クリップ付）でつくります。

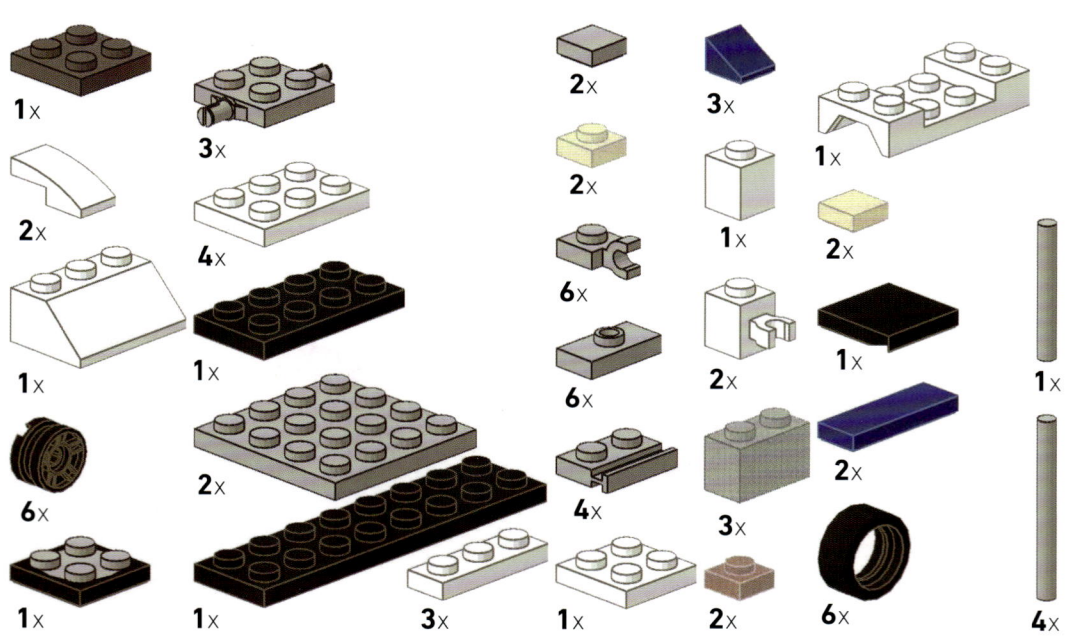

トレーラーキャブ（けん引車）

1

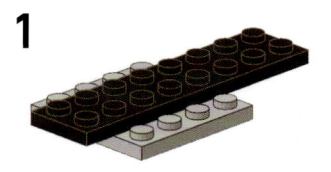

2

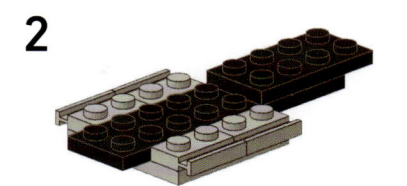

3

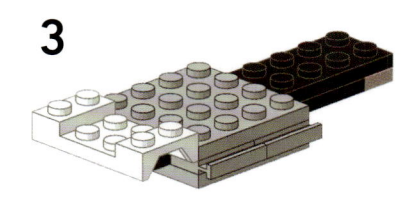

4

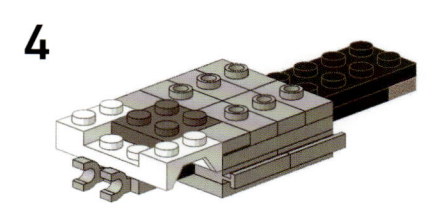

5

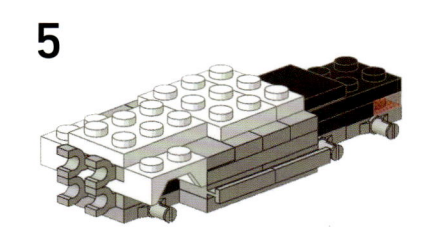

6

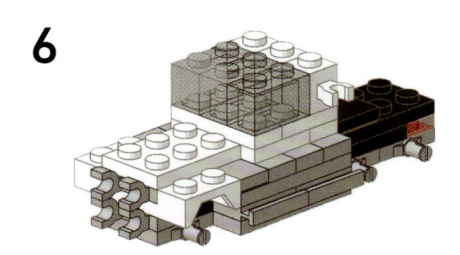

7

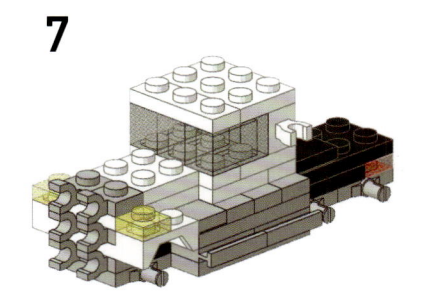

8

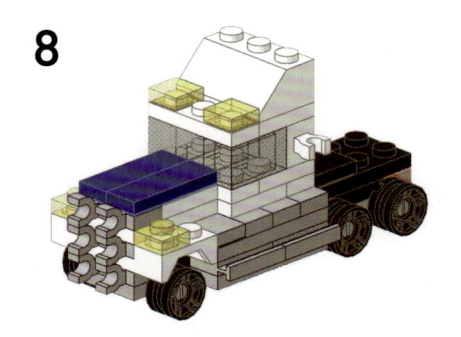

9

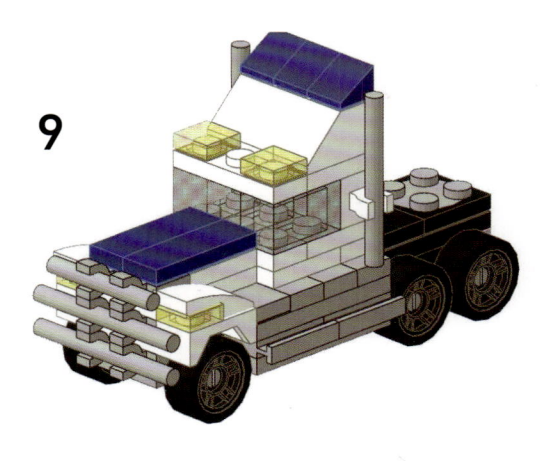

トレーラー

このトレーラーの車軸は2本ですが、セミトレーラーには後ろ車軸が4本まであるものもあります。けん引車後部のキングピンという軸（5つ目の車輪の役割をする）にトレーラーの前面を連結します。国によっては、後ろ（けん引用バー）に別のトレーラーを連結しているケースもあり、最大で一度に6台ものトレーラーをけん引できます。できあがったら12ページのトレーラーキャブと連結させましょう。

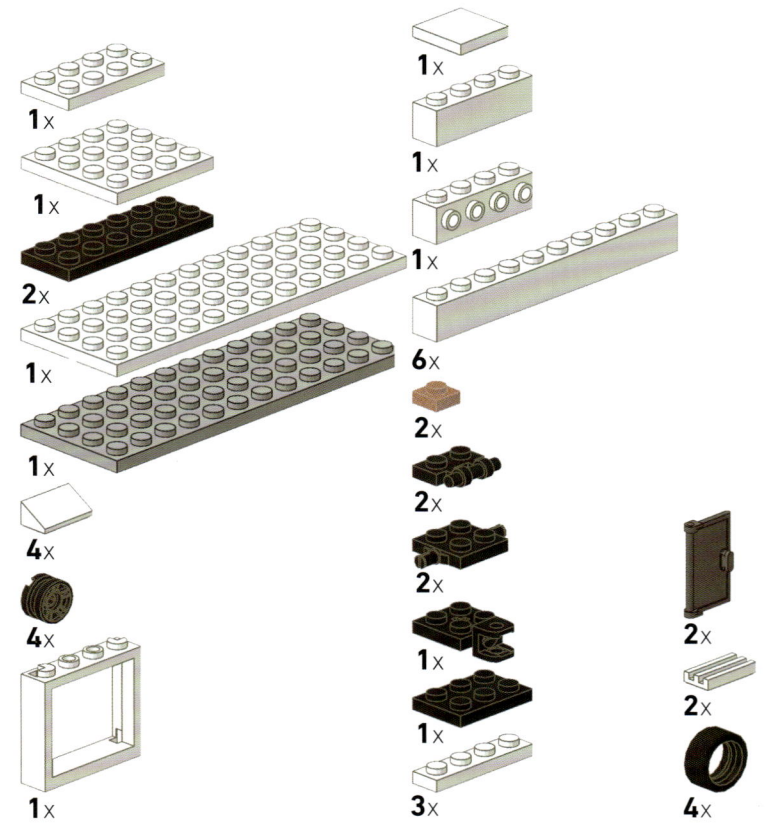

トレーラー

1

2

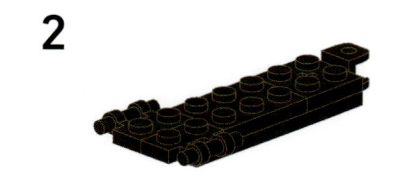

3

4

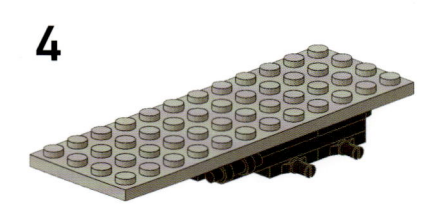

5

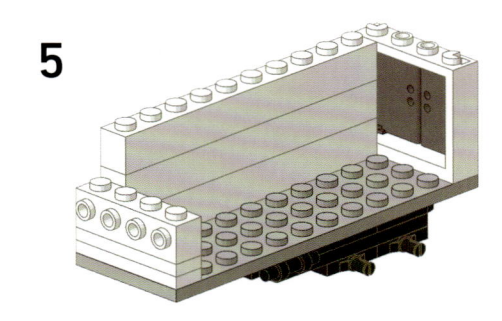

6

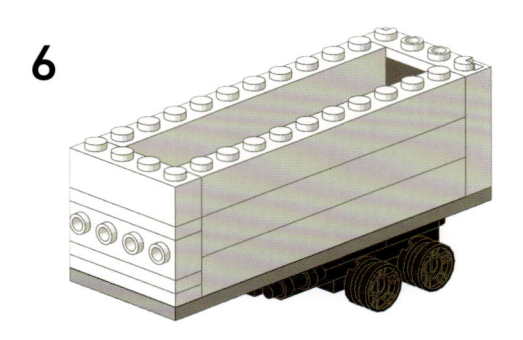

7

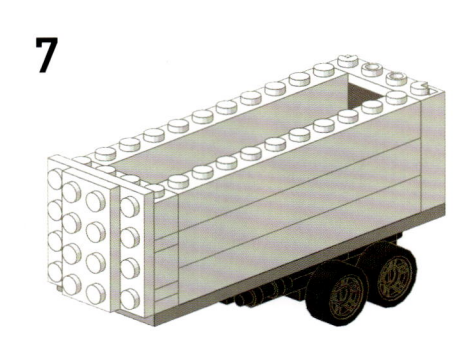

8

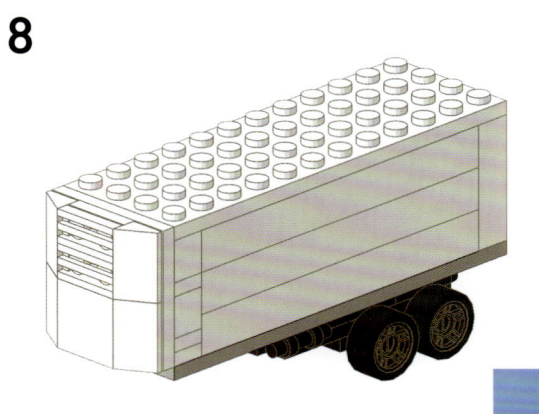

オープンカー

オープンカーは布地の屋根に、折りたたみ式のリヤウィンドウ、2人掛けもしくは4人掛けのシートというのが定番スタイル。ここでは黄色のブロックでかわいい雰囲気に仕上げています。折りたたまれた屋根は、シート後ろの黒いカバーの下に隠されています。

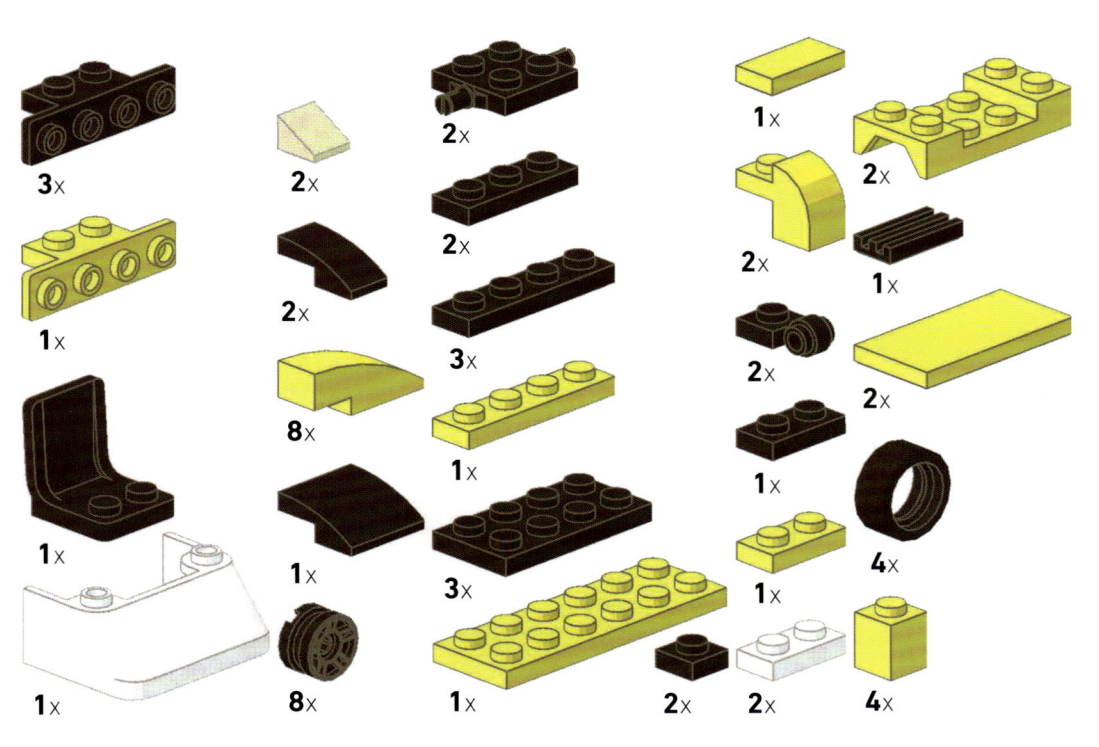

オープンカー

1

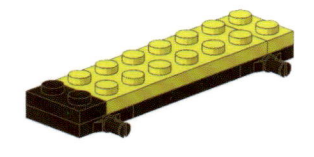

2

3

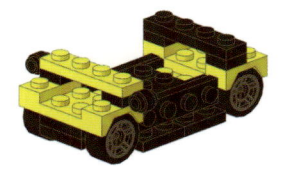

4

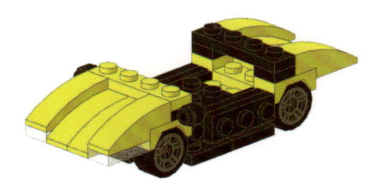

5

6

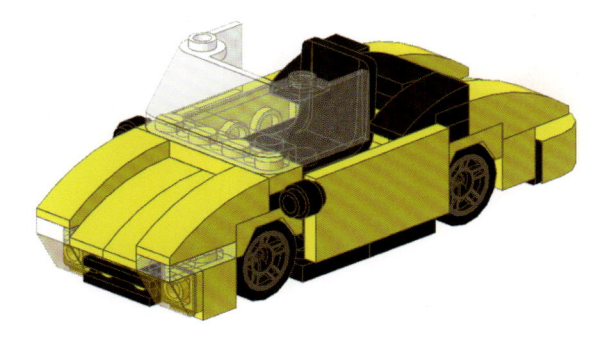

17

レッカー車

レッカー車の車体後部のウィンチやバーは、故障車を連結・固定するためのもの。故障車に加え、駐車違反の車両を移動するのにも最適な構造です。さらに、ぬかるみや洪水被害にあっている場所から車両を引き上げることもできます。この模型では、トラックの大きな前面部分に、湾曲したマッドガードを使用。車輪を固定する後部の装備には1×2のヒンジプレート（ロック、端に指2本）を2×2プレート（中央ポッチ）を使って、1×4のプレート2本につなげています。

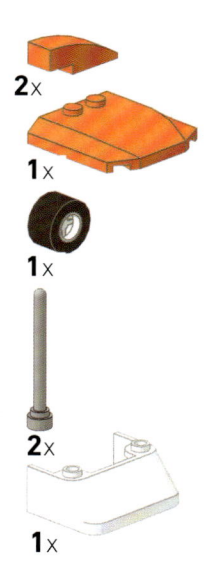

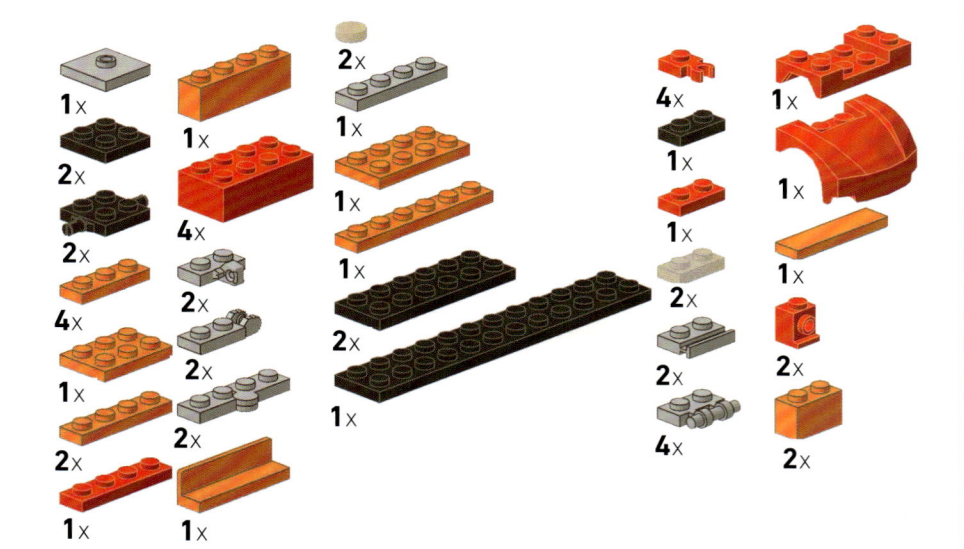

レッカー車

スクールバス

アメリカの象徴ともいえる黄色いスクールバス。アメリカでは連邦政府の規程に従って、どのスクールバスも同じ目立ちやすい色に塗装されており、保全や警告用の装備にも一定の基準があります。ここでは、黄色の4×1のカーブスロープ（両側傾斜）でスクールバス特有の形状を再現。警告灯部分には、透明赤と透明オレンジの1×1プレートを複数使用しています。

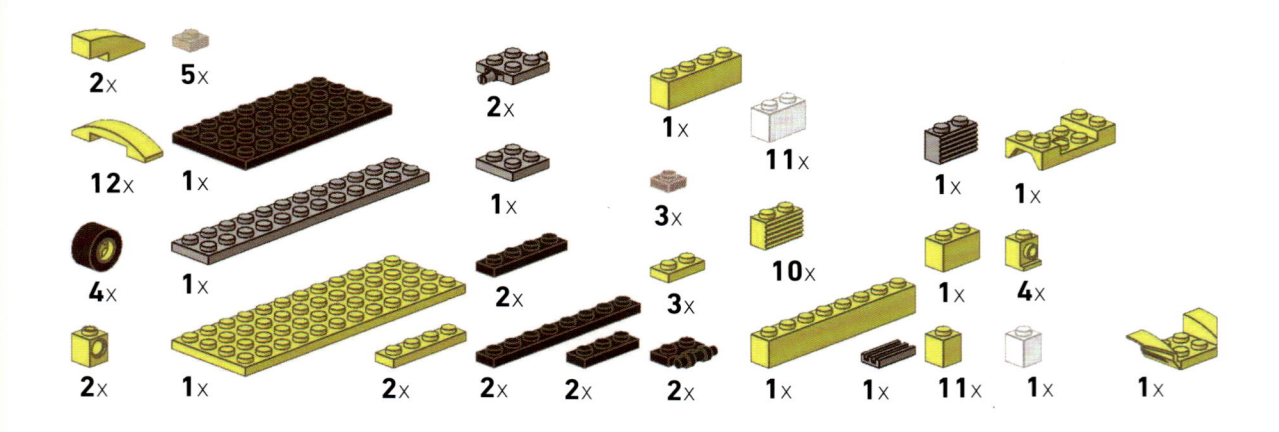

スクールバス

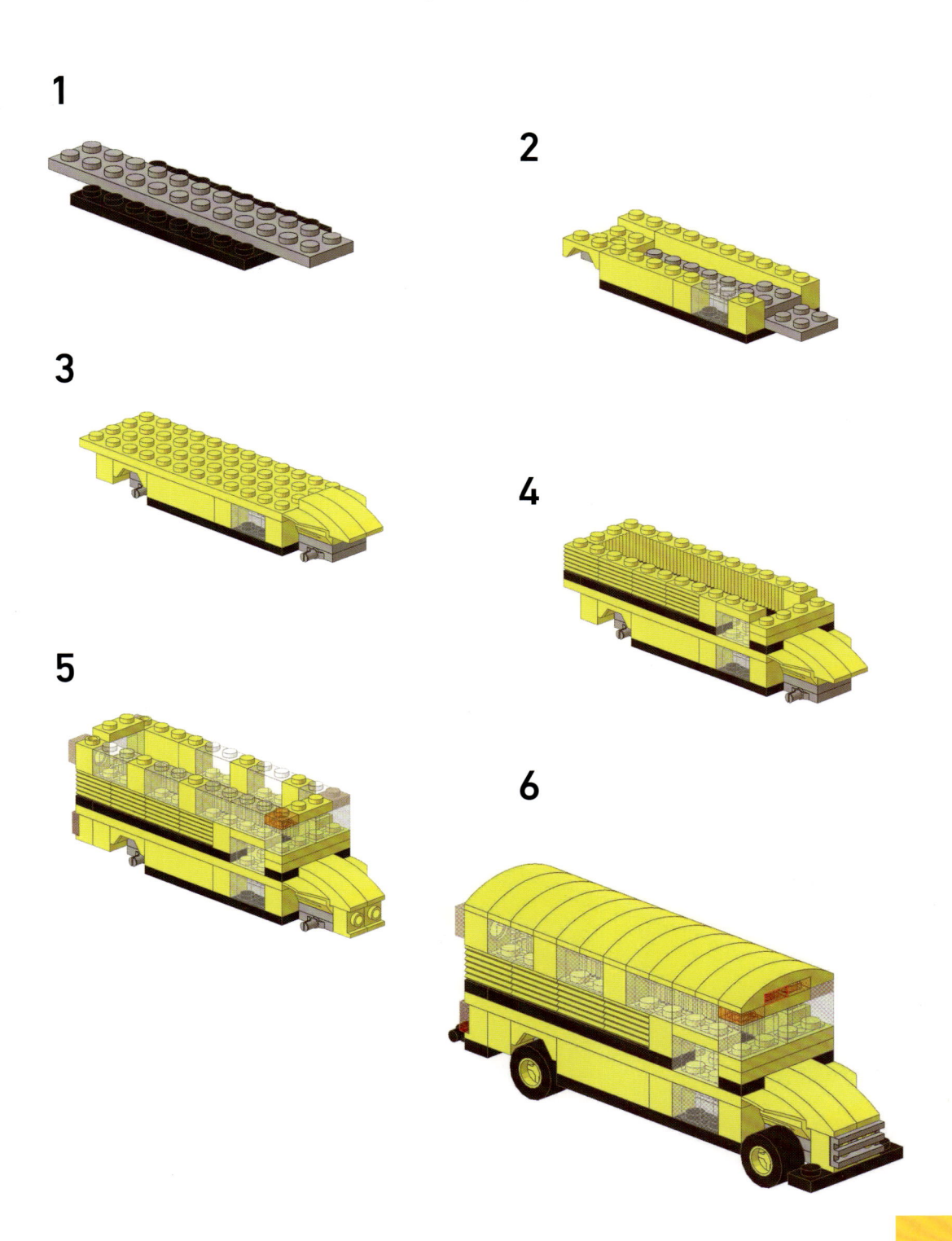

1

2

3

4

5

6

キャンピングカー

年代物のキャンピングカーは、カーマニアやロードトリップ派、とりわけオートキャンプで休暇を楽しもうという人たちに大人気。この明るいオレンジ色のキャンピングカーは、フォルクスワーゲンのキャンパーをイメージした形で、前面にはスペアタイヤがついています。

また、1×2のブロックグリルでラジエーターを再現しました。中に乗っている家族が景色を楽しめるよう、1×2×2の透明パネルを大胆に用いて広い窓もつけました。

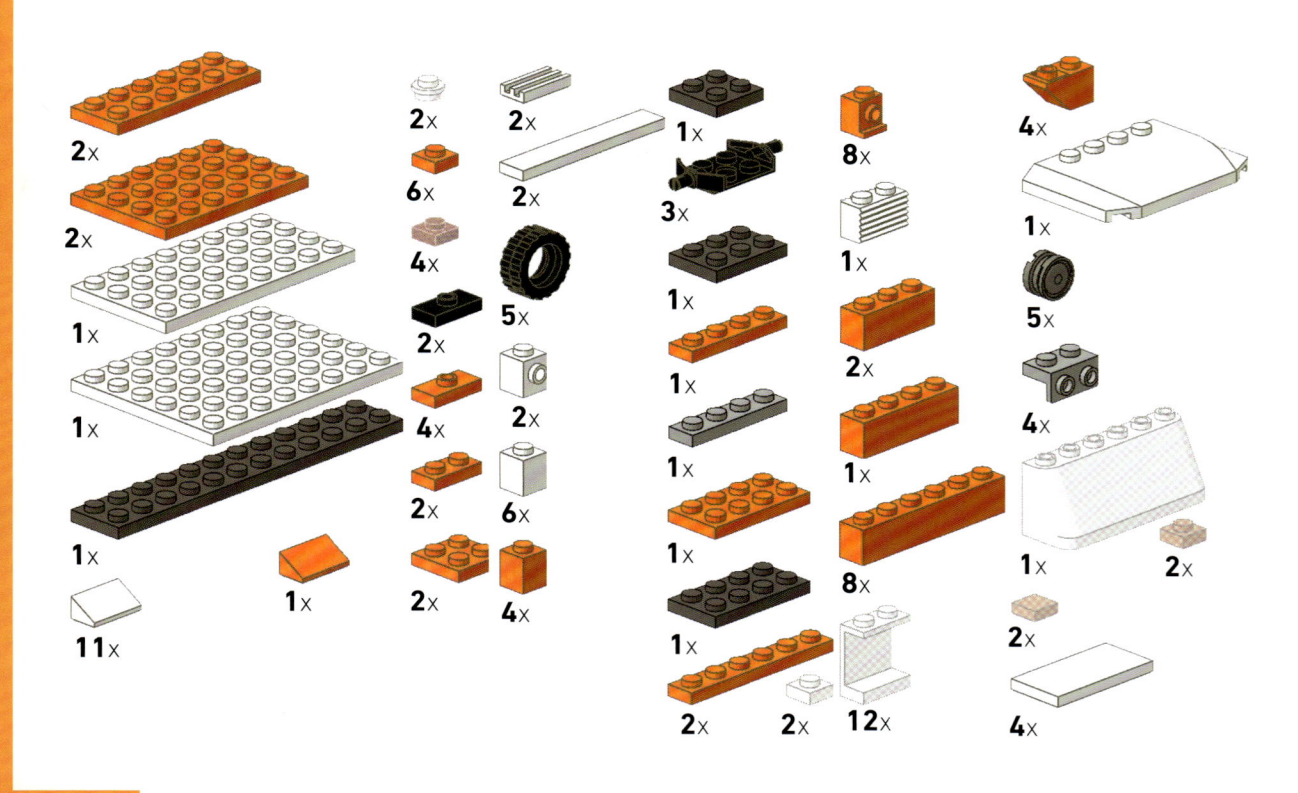

キャンピングカー

1

2

3

4

5

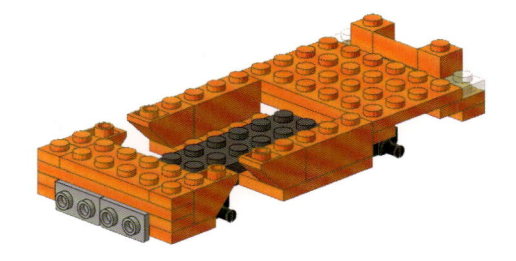

キャンピングカー

6

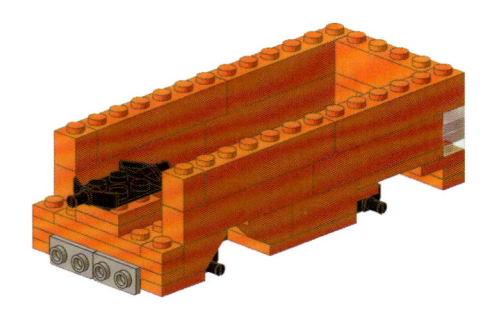

7

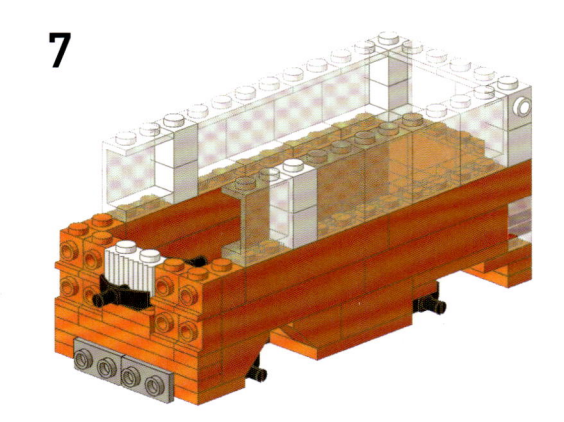

8

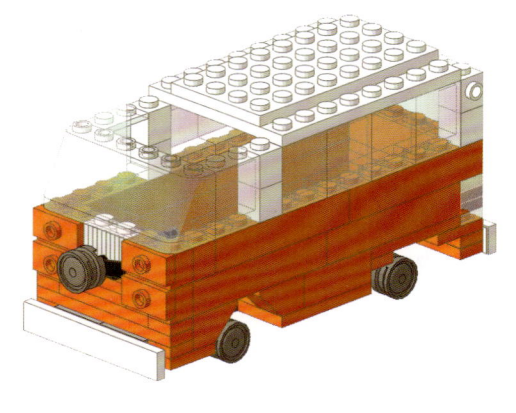

9

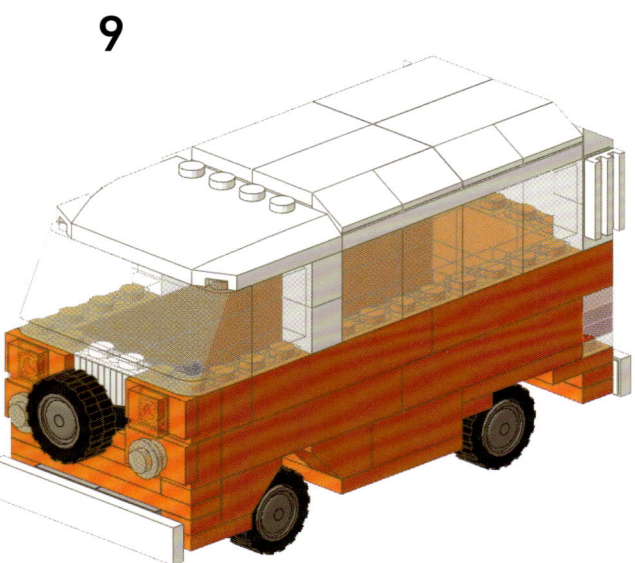

フォークリフト

世界中の倉庫や造船所などで見られるフォークリフト。重い荷物を持ち上げて短い距離を移動させるための乗り物です。このフォークリフトは電池式。車体後部の大きな電池の重みは、前面の金属製フォークで持ち上げる重量物とのバランスを取るのに役立っています。フォーク用の専用パーツはレゴ®クラシックのセットには入っていませんが、入手は比較的簡単です。マスト部分には透明黄の1×1プレートを使って警告灯をつけました。

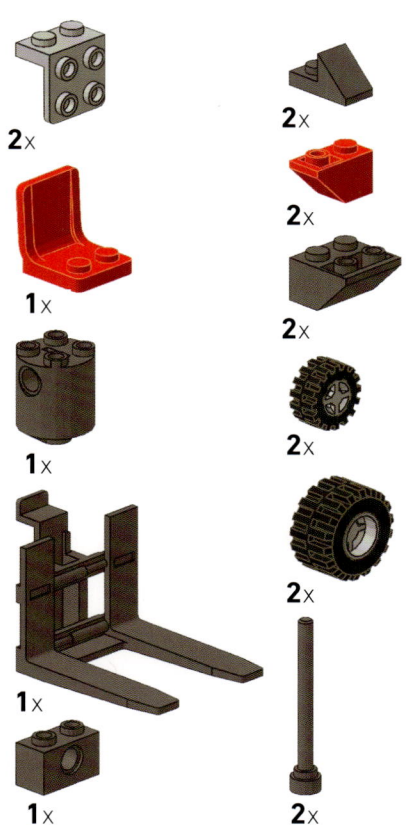

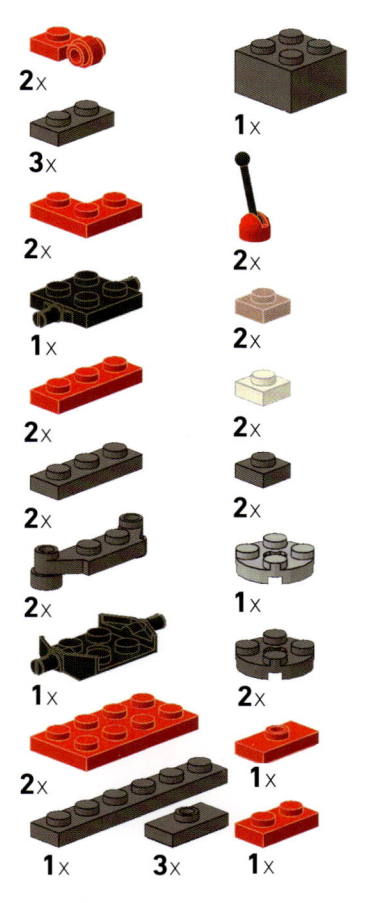

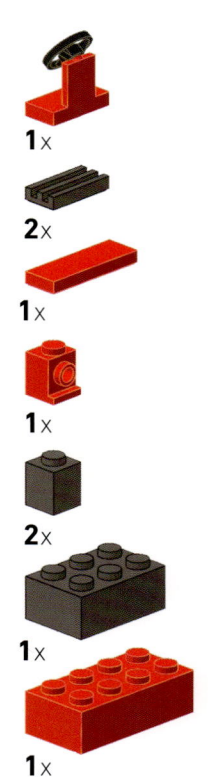

2×
1×
1×
1×
2×

2×
2×
2×
2×

2×
3×
2×
1×
2×
2×
2×
1×
2×
2×
1×
3×
1×

1×
2×
2×
2×
1×
2×

1×
2×
1×
1×
2×
1×
1×

25

フォークリフト

1

2

3

4

5

6

フォークリフト

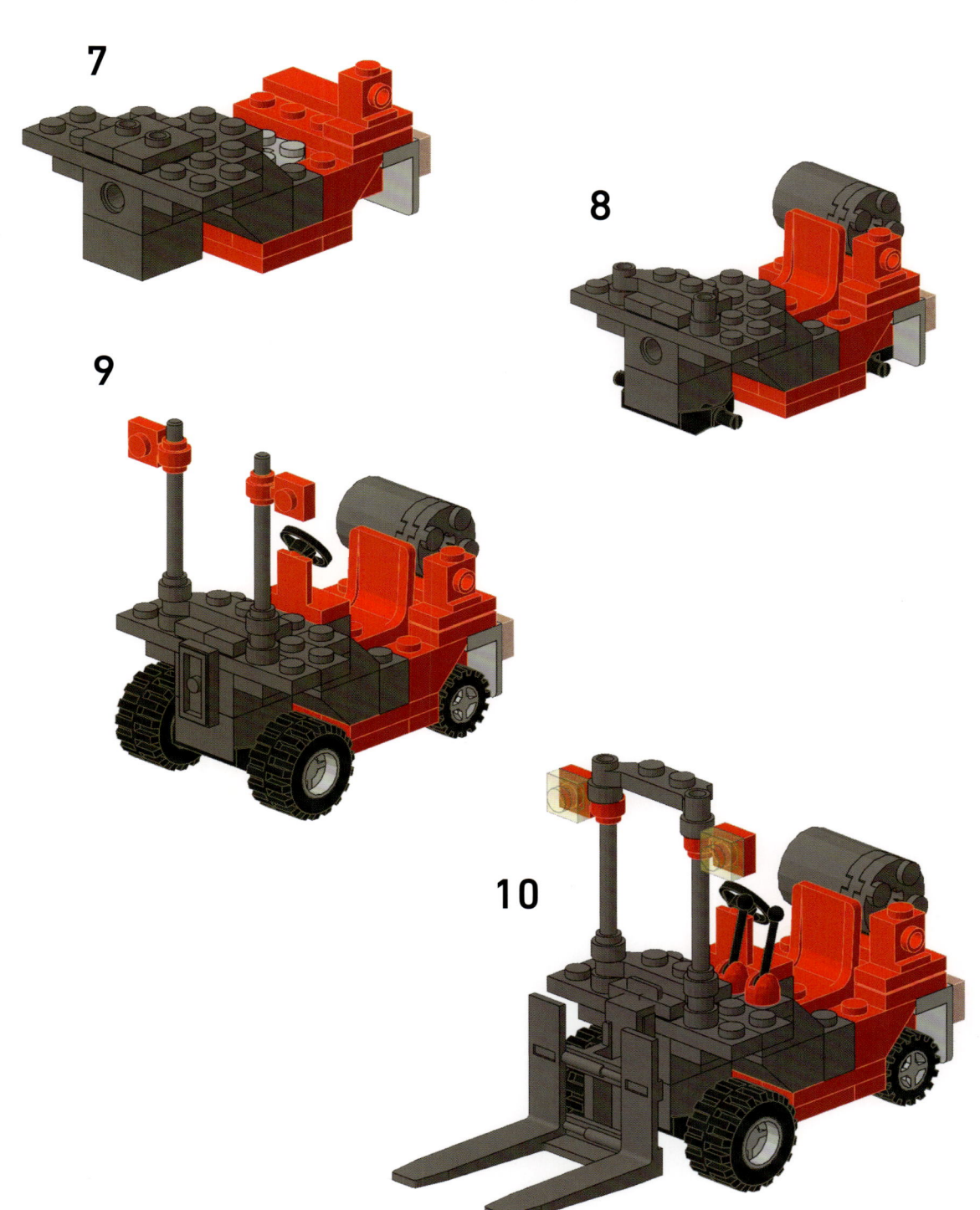

7

8

9

10

クレーン車

油圧式クレーンを車体に取りつけたこのクレーン車は、伸縮ブーム（アーム）を搭載し、簡単なセットアップですぐに作業を開始できます。長いアーム部分には1×1×5の円柱、運転席部分には1×2の透明ブロックを使用。車軸は2対で4本あり、アウトリガー（運転手がブームを伸ばす前にクレーンを安定させるために用いる装置）には2×1の逆スロープ45度を用いています。

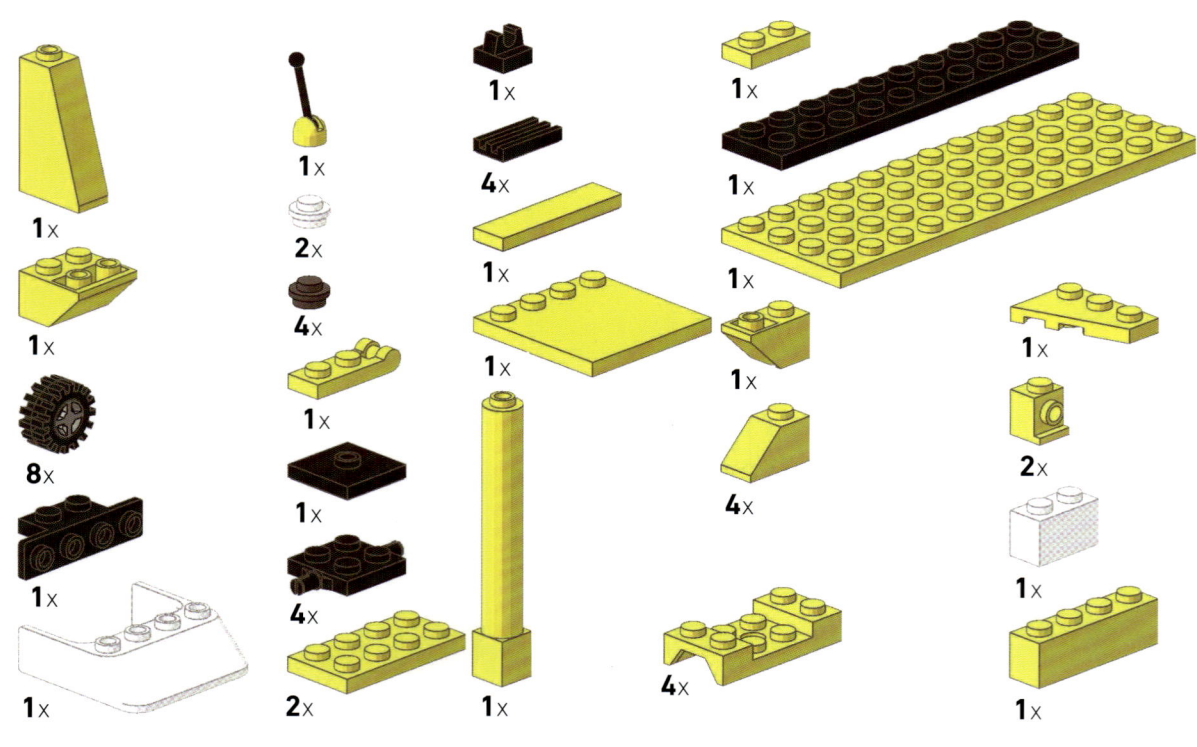

クレーン車

1

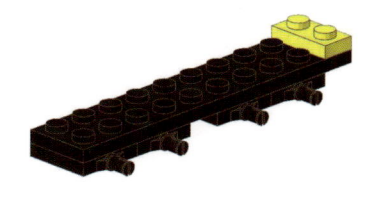

2

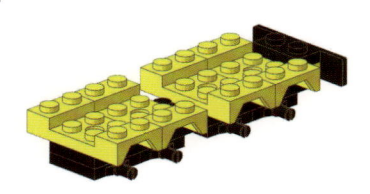

3

4

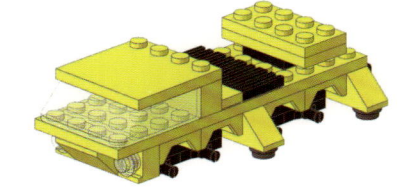

5

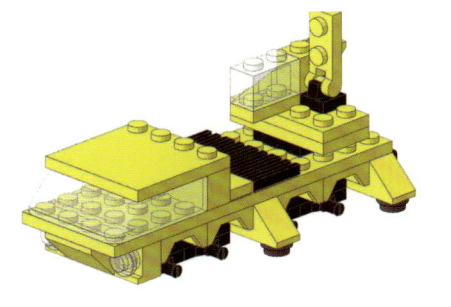

6

スポーツカー

スポーツカーは大抵の場合、低くて華麗なボディ、つまり、走行性を向上させるために空気力学に基づいた形状になっています。このスポーツカーでは、フロントガラスに2×2の透明スロープ45度、ボンネットとトランクの流線型には3×1のカーブスロープを使用。流れるようなカーブラインは最後に凸状になり、スポイラーになっています。

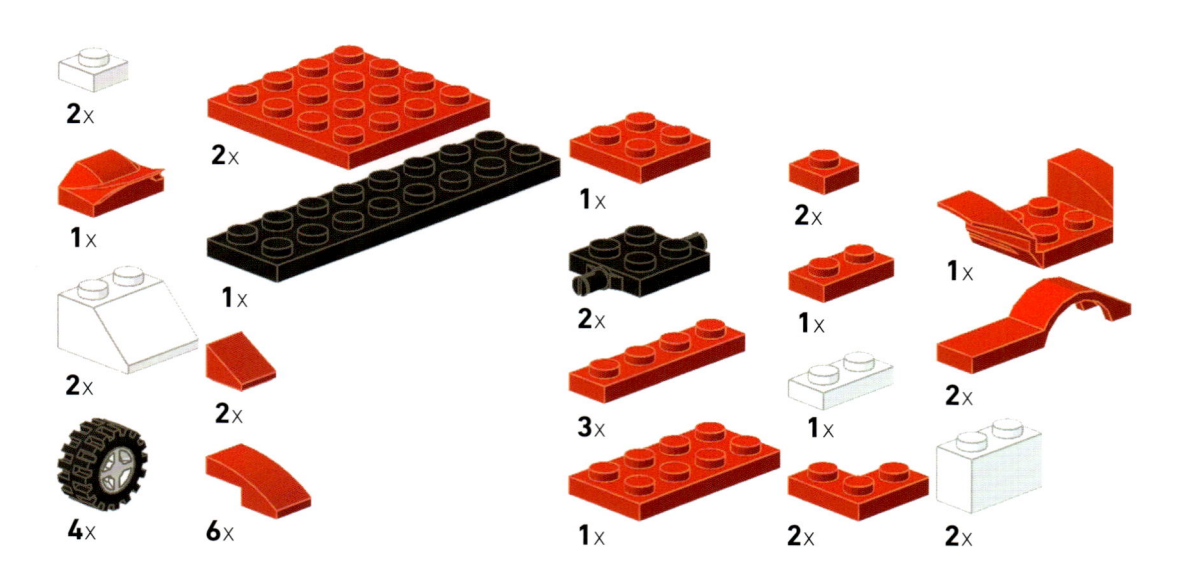

スポーツカー

1

2

3

4

5

6

7

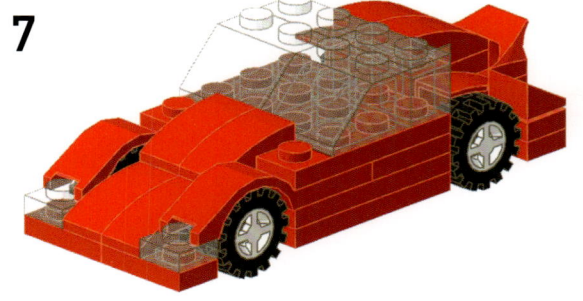

ショベルカー

この大きな黄色のショベルカーは、イギリスのJCB（ジョセフ・シリル・バンフォード）が1951年から生産してきた車種に似せたものです。JCBには150種類以上のモデルがありますが、この模型はバックホーとローダーバケットを組み合わせたものにしました。前面のローダーバケットは、2つのタウン・シートをひっくり返して使っています。アメリカでは、同じタイプの車でも白色とオレンジ色の「ボブキャット®」がよく知られています。

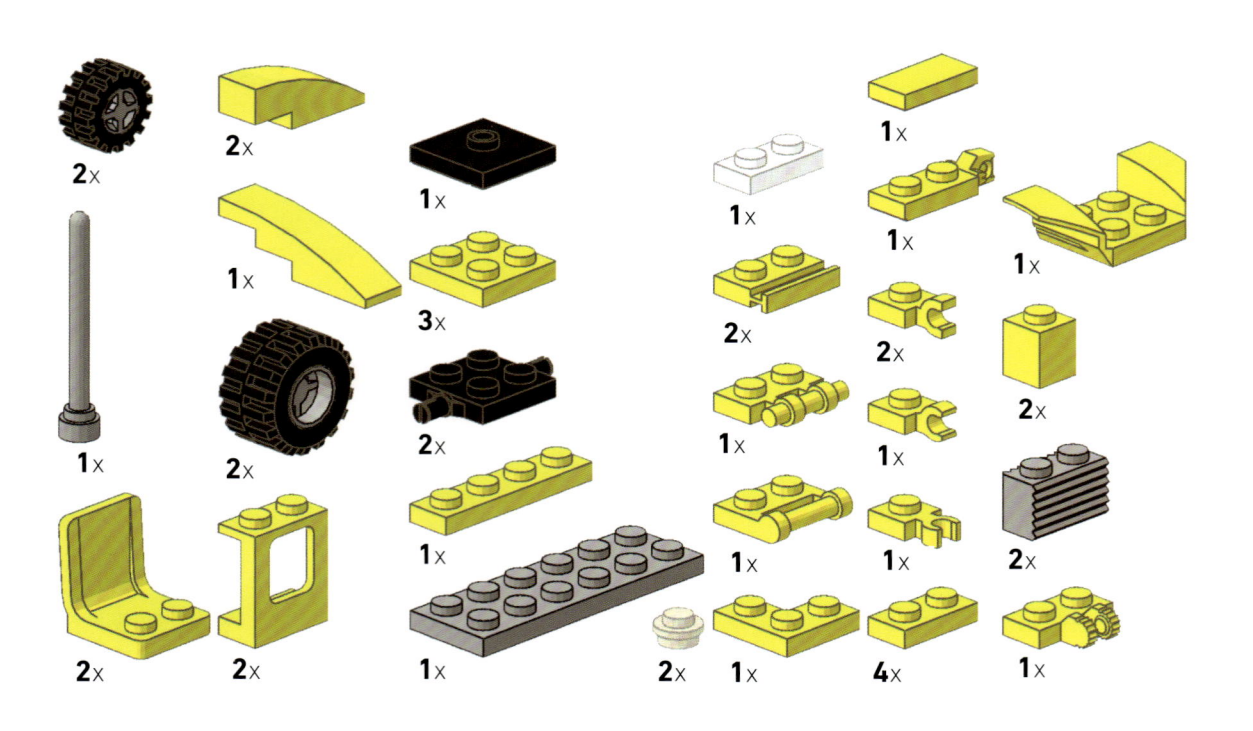

ショベルカー

1

2

3

4

5

6

除雪車

大雪のときに道路の雪を取り除く除雪車には、凍結防止用の融雪剤散布装置が一体になっているものが多くあります。車台側面には、1×4×1.3の曲面ブロックを取りつけてあります。ショベルは、2×4のウェッジプレート（左右ペア）を1×2-2×2のブラケットの上に取りつけて再現。天井の大きなライトは、ほかの車に除雪車の接近を知らせるためのものです。

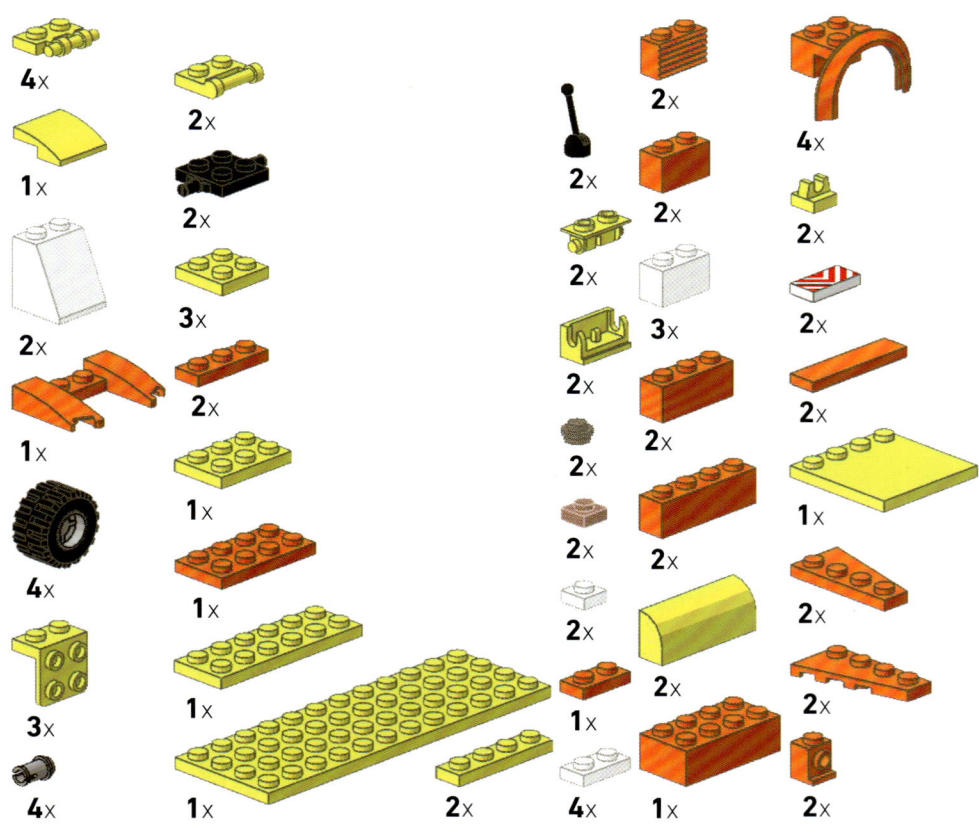

1

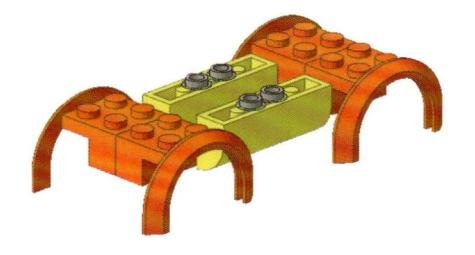

2

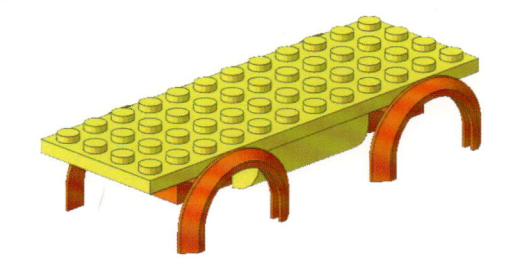

3

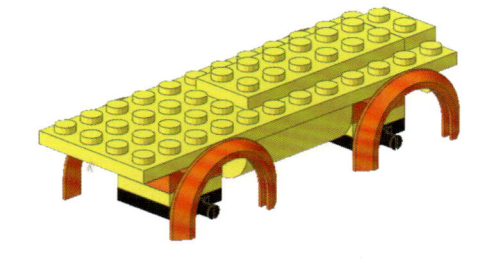

4

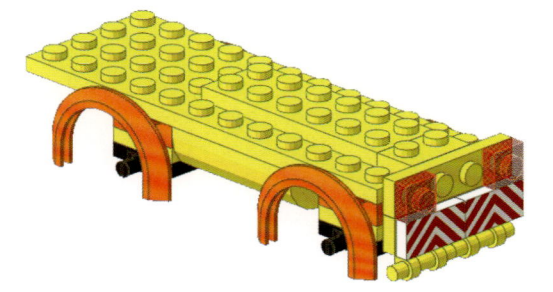

5

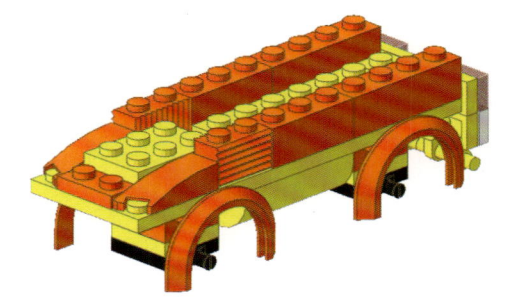

除雪車

6

7

8

9

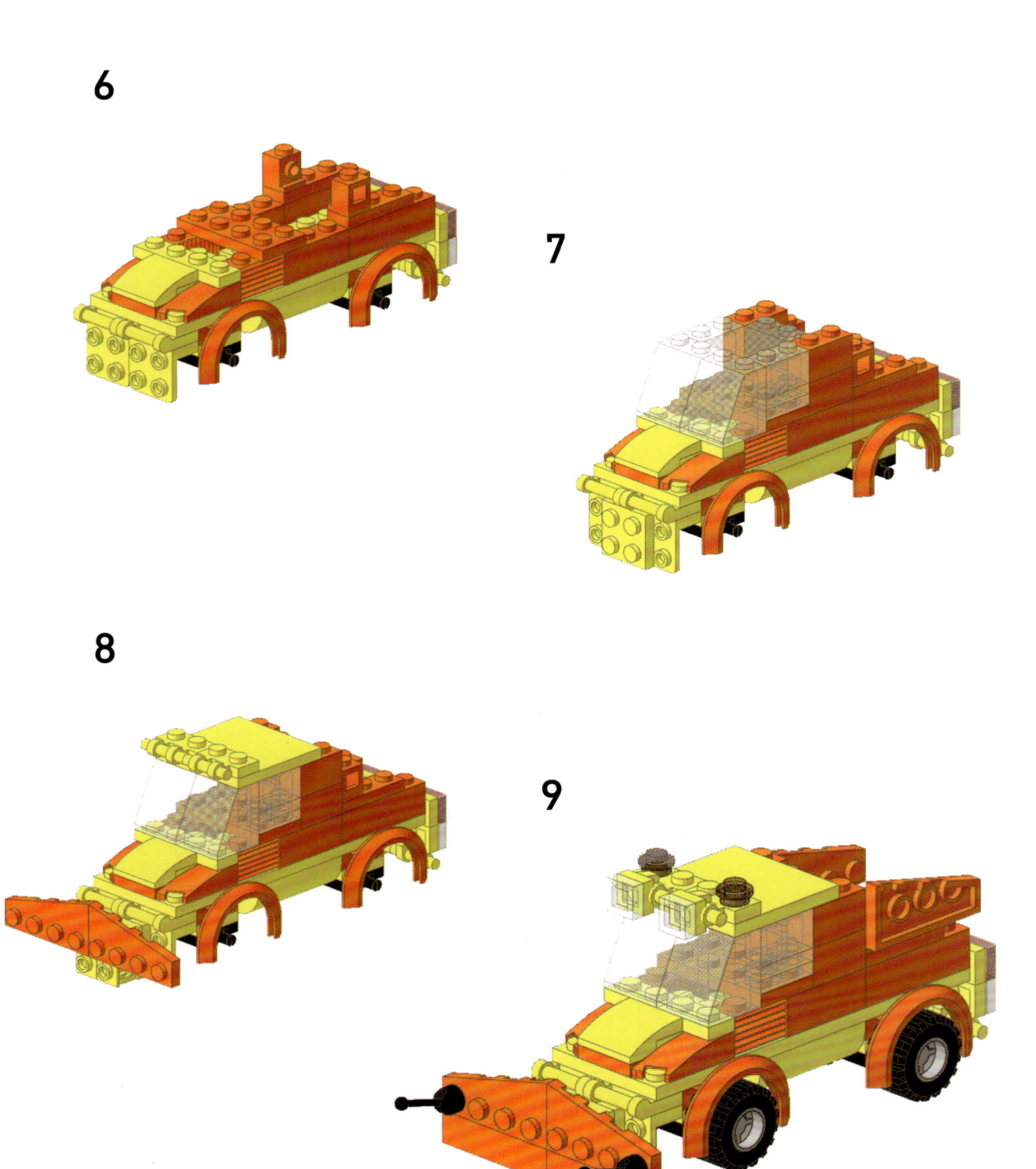

ミキサー車

車体後部の大きな回転ドラムが、ひと目でわかるミキサー車の特徴。大量のセメントを、固まらないように撹拌しながら建設現場に輸送するのが、その役割です。この模型でもドラムミキサーを再現して、黄色いトラックの荷台部分に載せました。後方のセメント排出用シュートは、1×2のプレート1個、1×1と1×2のスロープ33度、1×2のプレート（上部にクリップ）1個、1×2のプレート（端に取っ手）2個、そして1×2のプレート（水平クリップ）1個で再現しています。

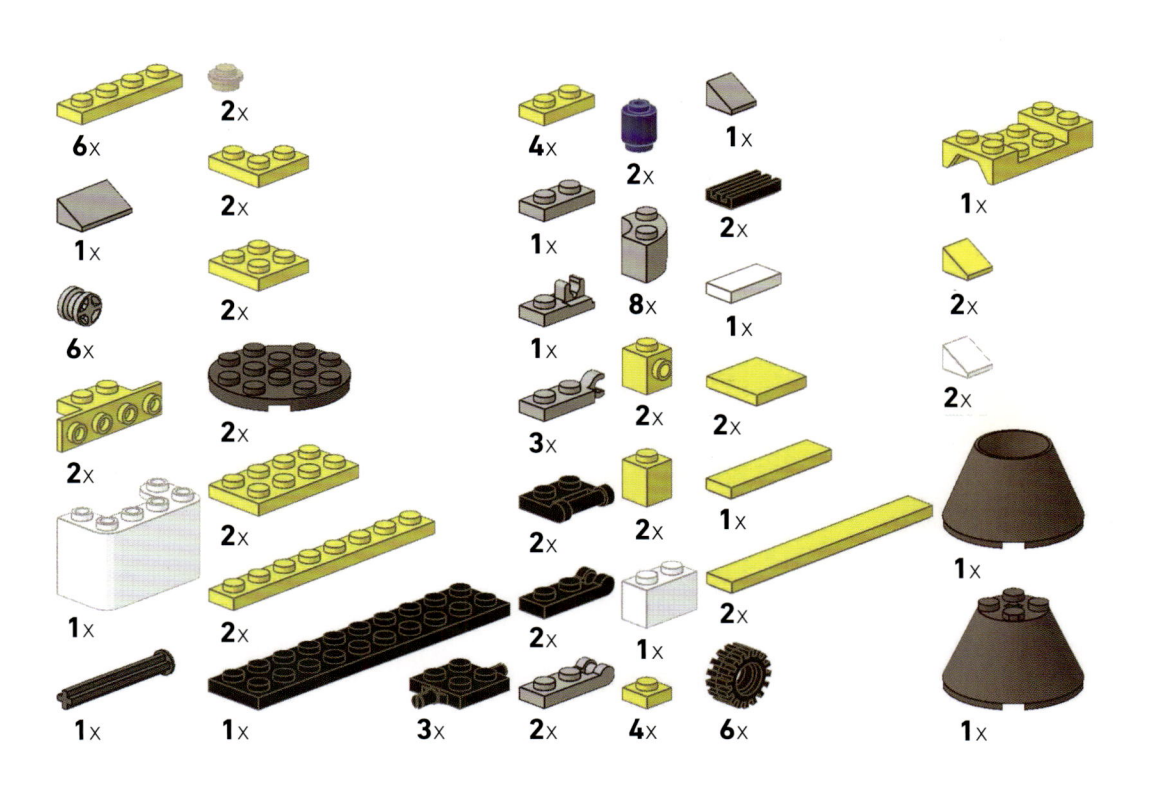

ミキサー車

1

2

3

4

5

6

ミキサー車

7

8

9

10

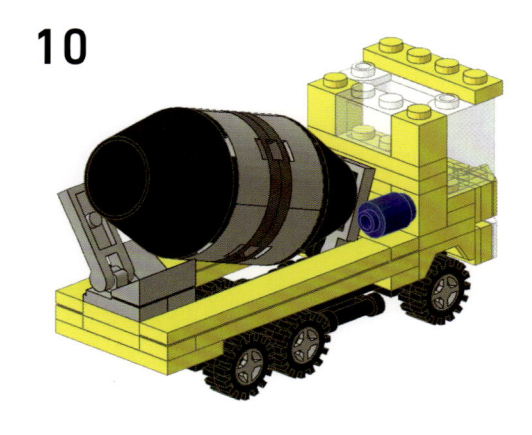

11

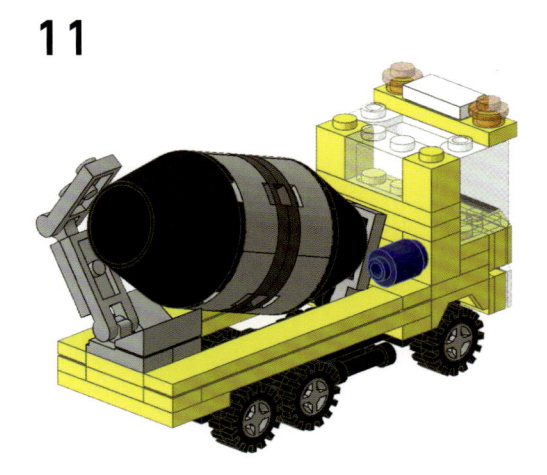

12

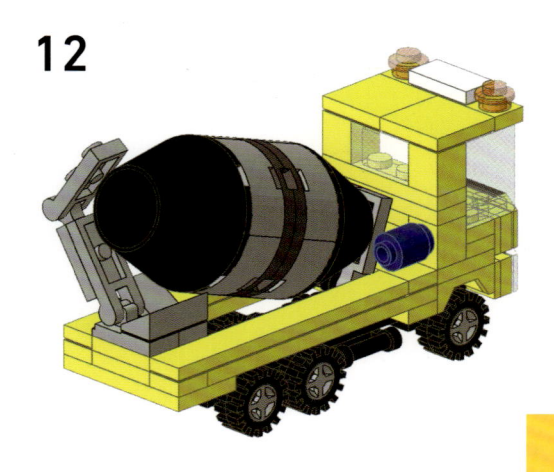

消防車

専用のはしごとホースを備えつけ、火事と戦い、人命を守る消防車。レゴ®ブロックの赤色は、消防車の赤色にぴったりです。車輪の車軸ホルダー用として1×2のプレート（水平クリップ2個）をどのように使っているのか、このマイクロスケールだとよくわかると思います。消防車には、消防士用のさまざまな装備のほかに、現場に急行する際に鳴らす大きな音のサイレンと点滅灯がついています。ここでは、透明青のブロックがその役目をうまく果たしてくれています。

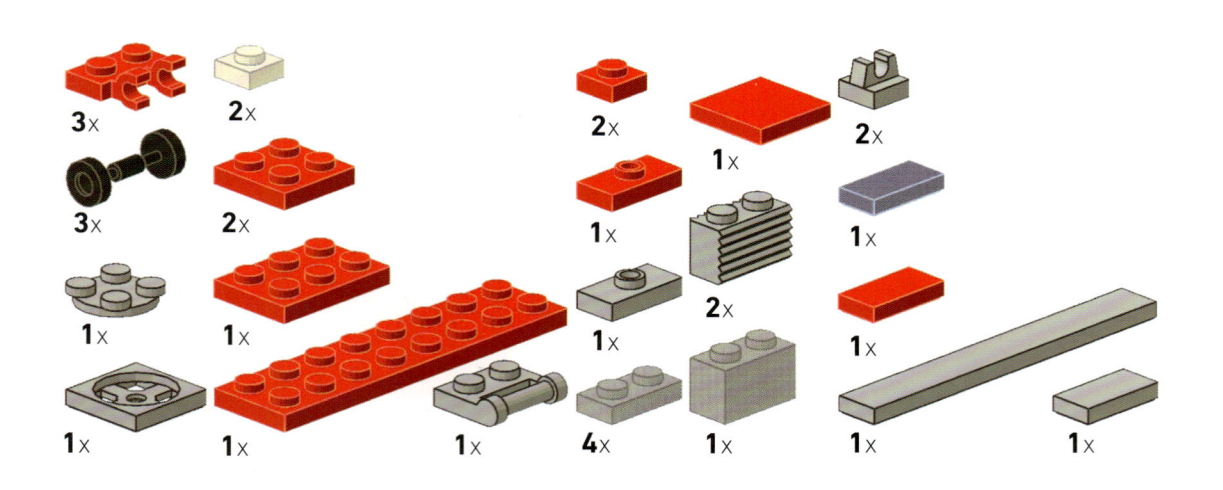

消防車

1

2

3

4

5

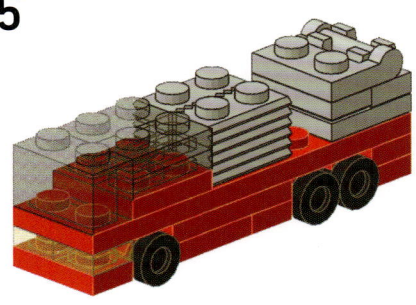

6

パトカー

パトカーは、国や都市によって種類もさまざま。たとえばドバイのパトカーはスピード重視で高級スポーツカーを改造して使っています。とはいえ、パトカーには一定の共通装備があります。サイレン、ランプ、それに警察の紋章。この模型では、小さな車輪・車軸パーツがポイントとなります。車体中央の特徴的なストライプには白色と青色のプレートを使用。ランプには、赤、青、黄色の透明プレートがいい仕事をしてくれています。

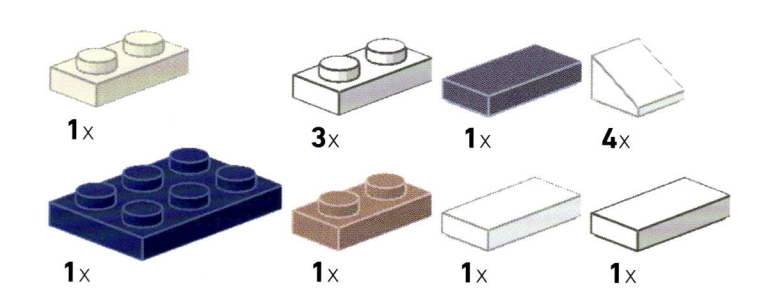

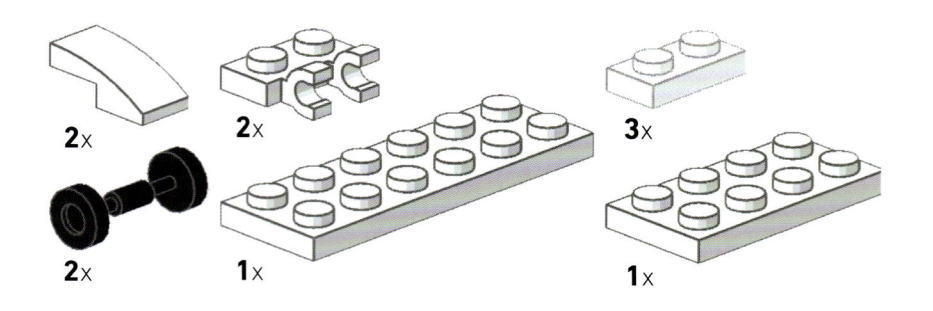

パトカー

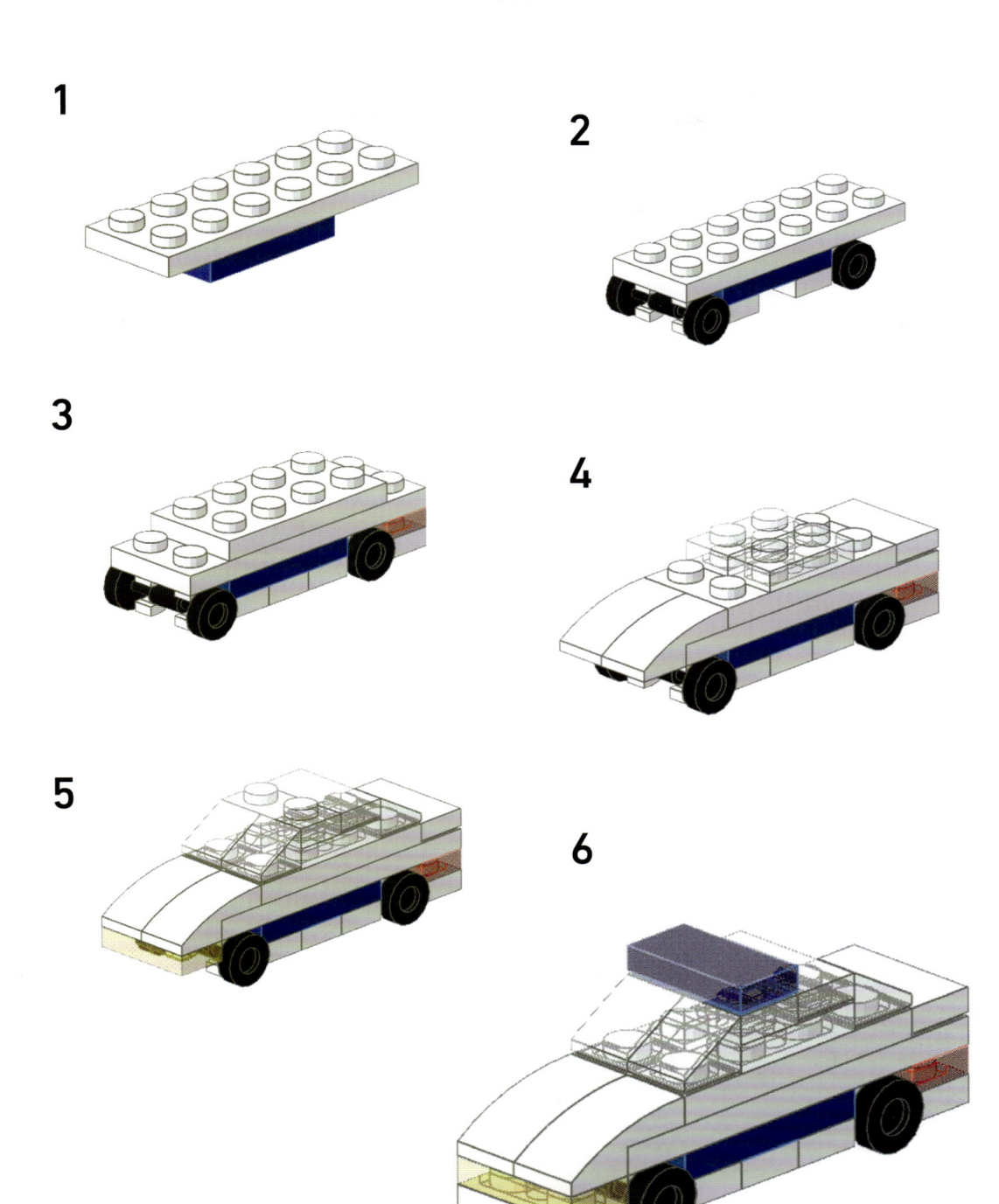

1

2

3

4

5

6

レーシングカー

F1のレーシングカーはオープンコックピットに1人乗り用のバケットシート、車体は軽量で大きなウィングがついており、エンジンは運転席のすぐ後ろに置かれています。車体は低い流線型。空気力学に基づいた設計が時速300km以上のスピードを可能にしています。この模型では、1×1のプレート（側面に水平ポッチ2個付）で青いドライバーシートの両側を固定しています。この車独特のシェイプは、両側面の小さなカーブスロープによって再現されています。

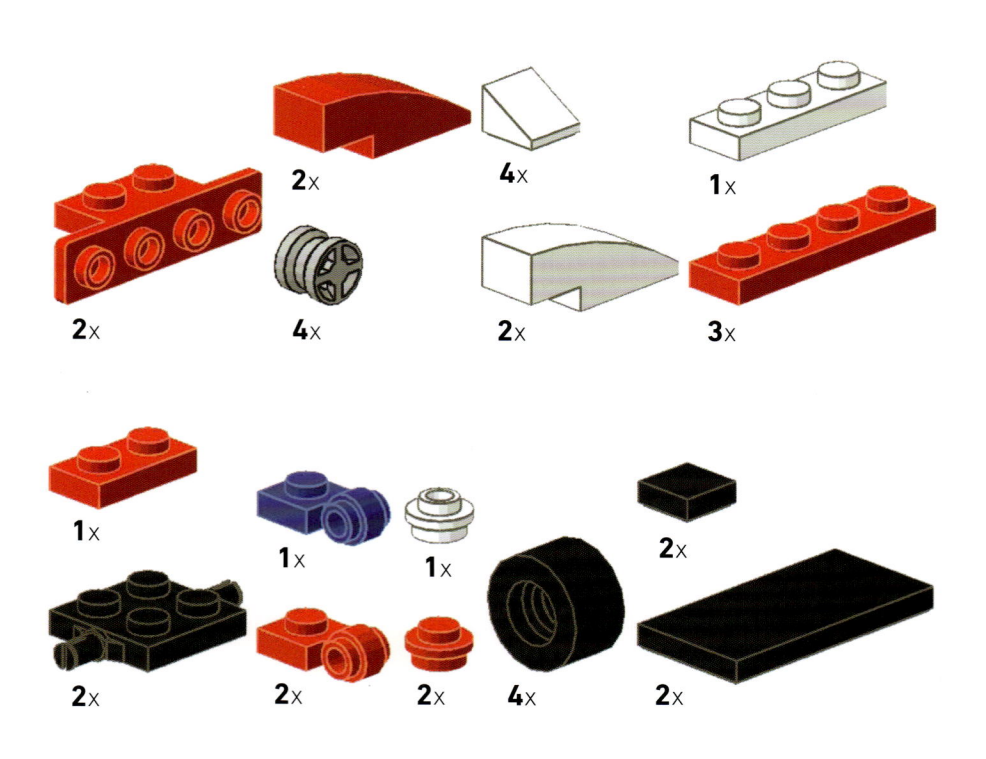

レーシングカー

1

2

3

4

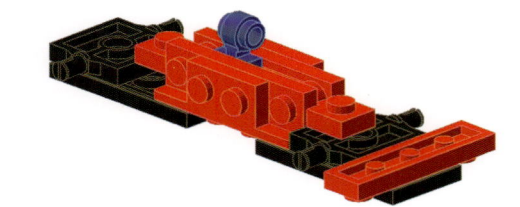

5

6

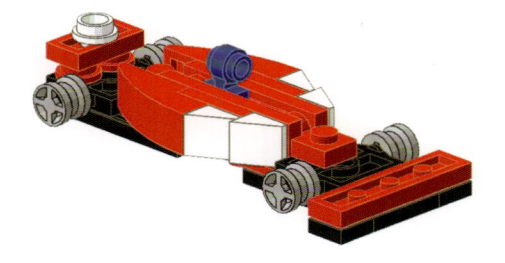

7

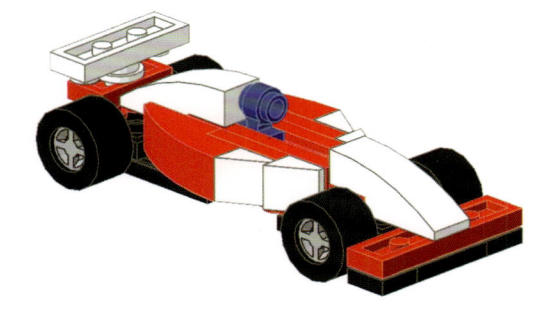

キャリアカー（車両運搬車）

キャリアカーは、乗用車などを一度に複数台運搬するための車両です。通常、2層または3層式になっており、各層に5台までの車両を積載できます。最上層の前部は運転席上部に掛かっており、後部の荷台は傾斜して車両の積み降ろしができるようになっています。積載している車はシンプルに2つのプレートでつくっています。

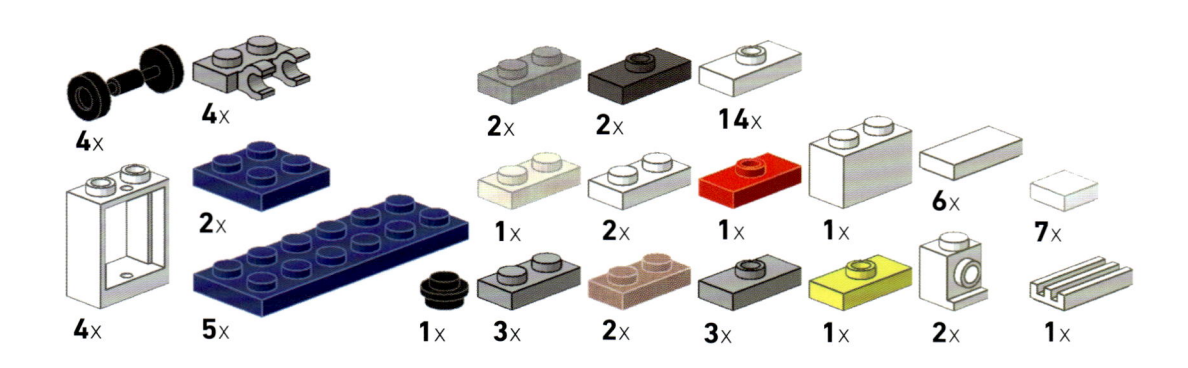

キャリアカー（車両運搬車）

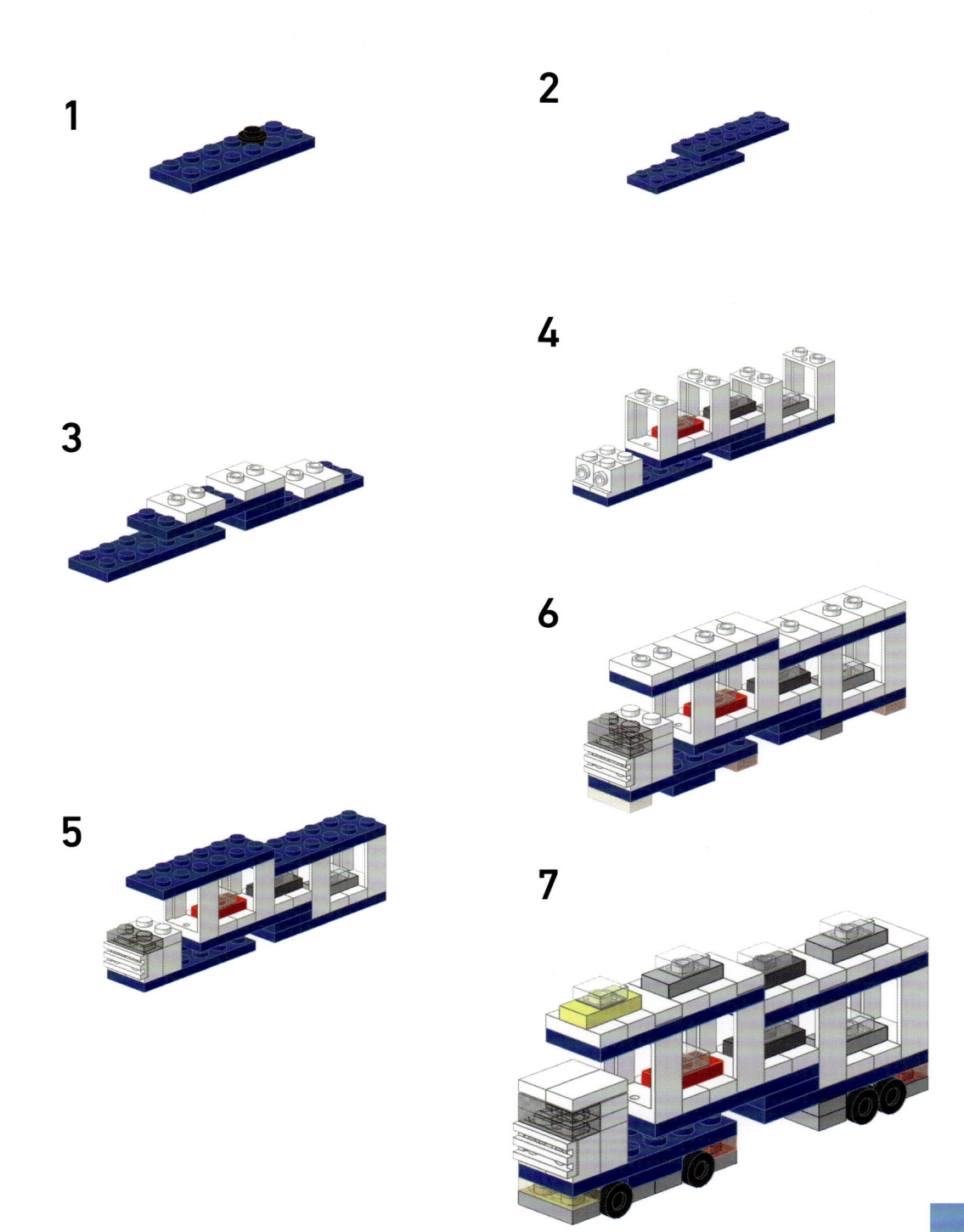

四輪バギー

全地形万能型の四輪バギーは、低圧タイヤを採用しているため、ぬかるみや川の中、登り坂などでもスピードを出して走ることができます。オートバイのようにシートにまたがってハンドル操作してスピードをコントロールしますが、バイクよりも車輪数が多いので低速でも安定しています。通常は3輪か4輪ですが、特殊用途の6輪モデルもあります。ハンドルにはスペース・ハンドルを使っています。

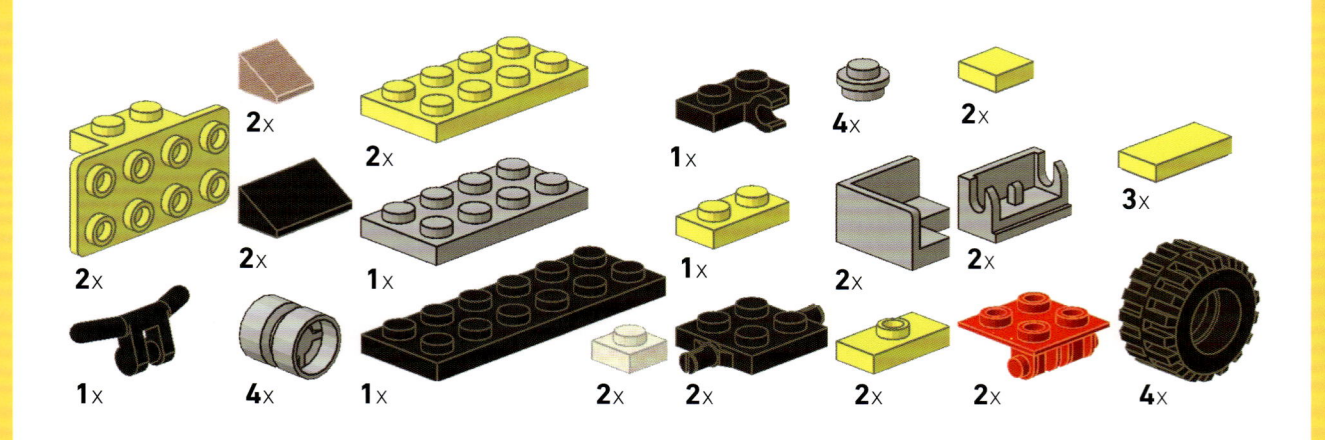

四輪バギー

1

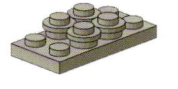

2

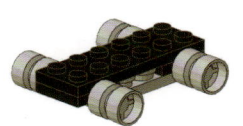

3

4

5

6

7

49

ロールスロイス

曲線的なホイールアーチとラジエーターが特徴的なロールスロイス。この独特なカーブのホイールアーチを再現するためにいろいろな角度のカーブスロープを使いました。よく見かけるタイプのロールスロイスになるよう、ボディの中心部を少し引っ込ませてランニングボード（踏み板）を設けています。角張ったフロントに、ロールスロイス特有のラジエーターをブロックグリルで取りつければ完成です。

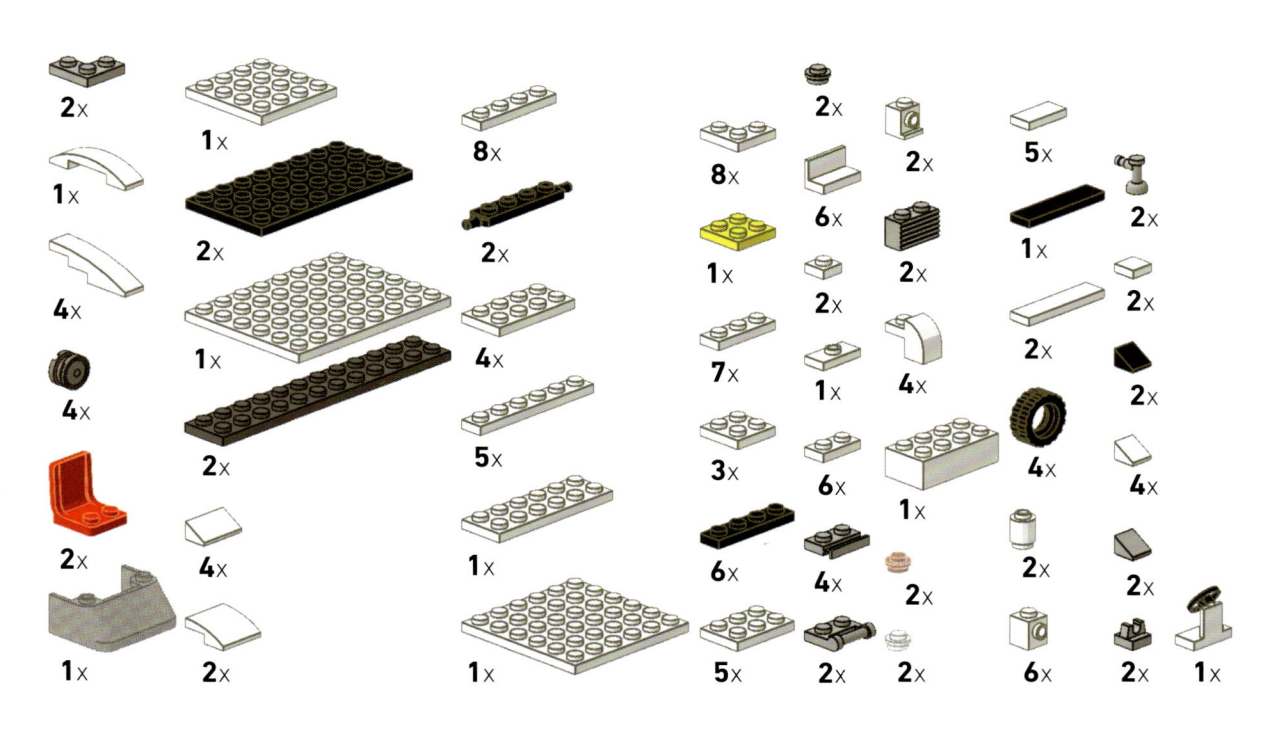

ロールスロイス

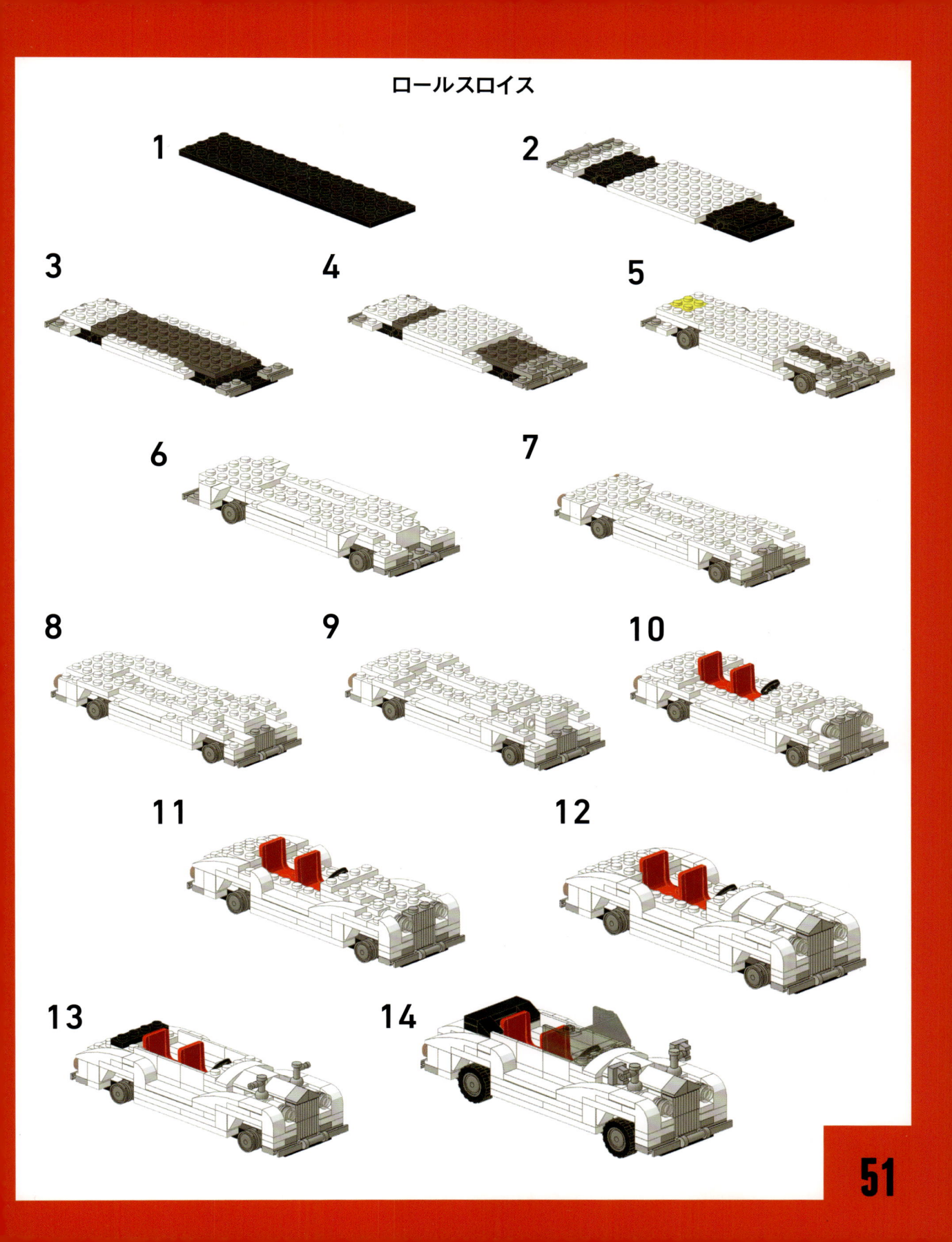

タンクローリー

ガソリンやミルク、小麦粉などの穀物、ガスにいたるまで、あらゆるものを輸送するタンクローリー。密閉されたタンクがトレーラーの上に搭載された形になっており、天井のハッチからホースを使って積荷を出し入れします。ここでは、1×2×1.3と2×4×1.3の曲面ブロック（プレート付）を用いて、天井のきれいな曲線を再現しました。仕上げに2×2のプレート（中央ポッチ）と1×1のタイル（円）でハッチカバーをつけます。

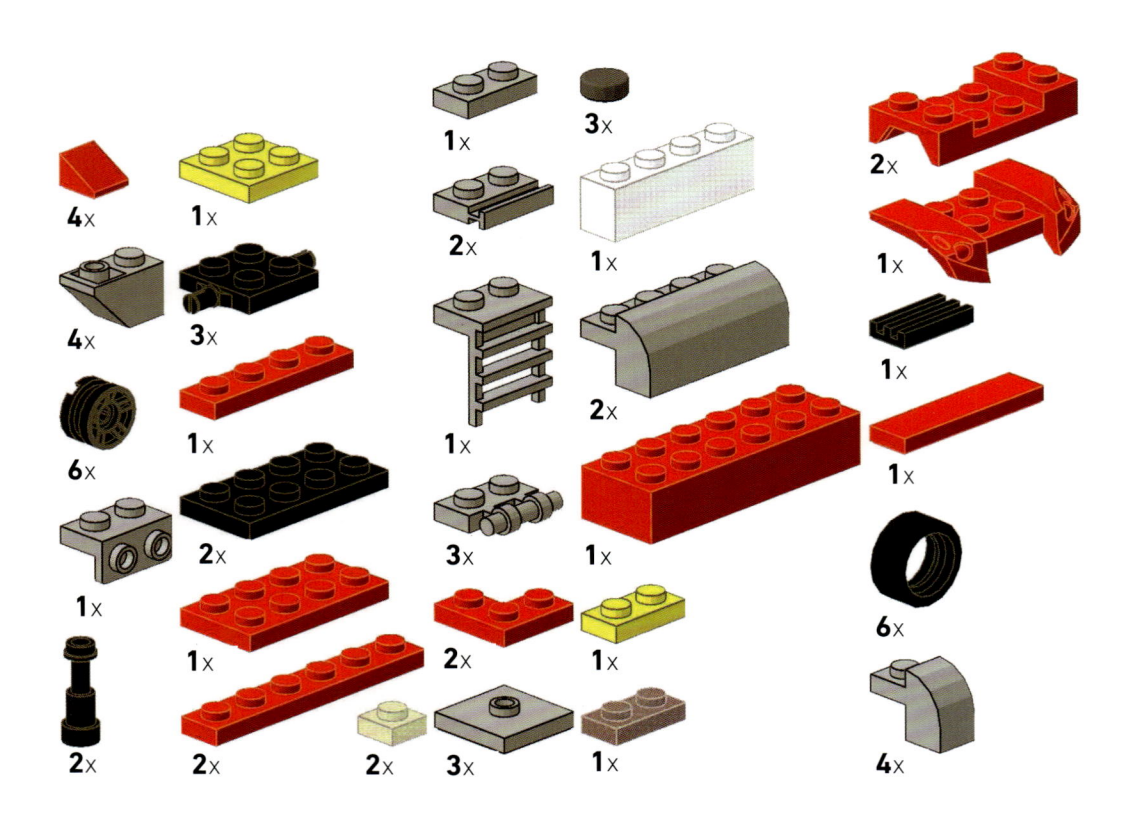

タンクローリー

1

2

3

4

5

6

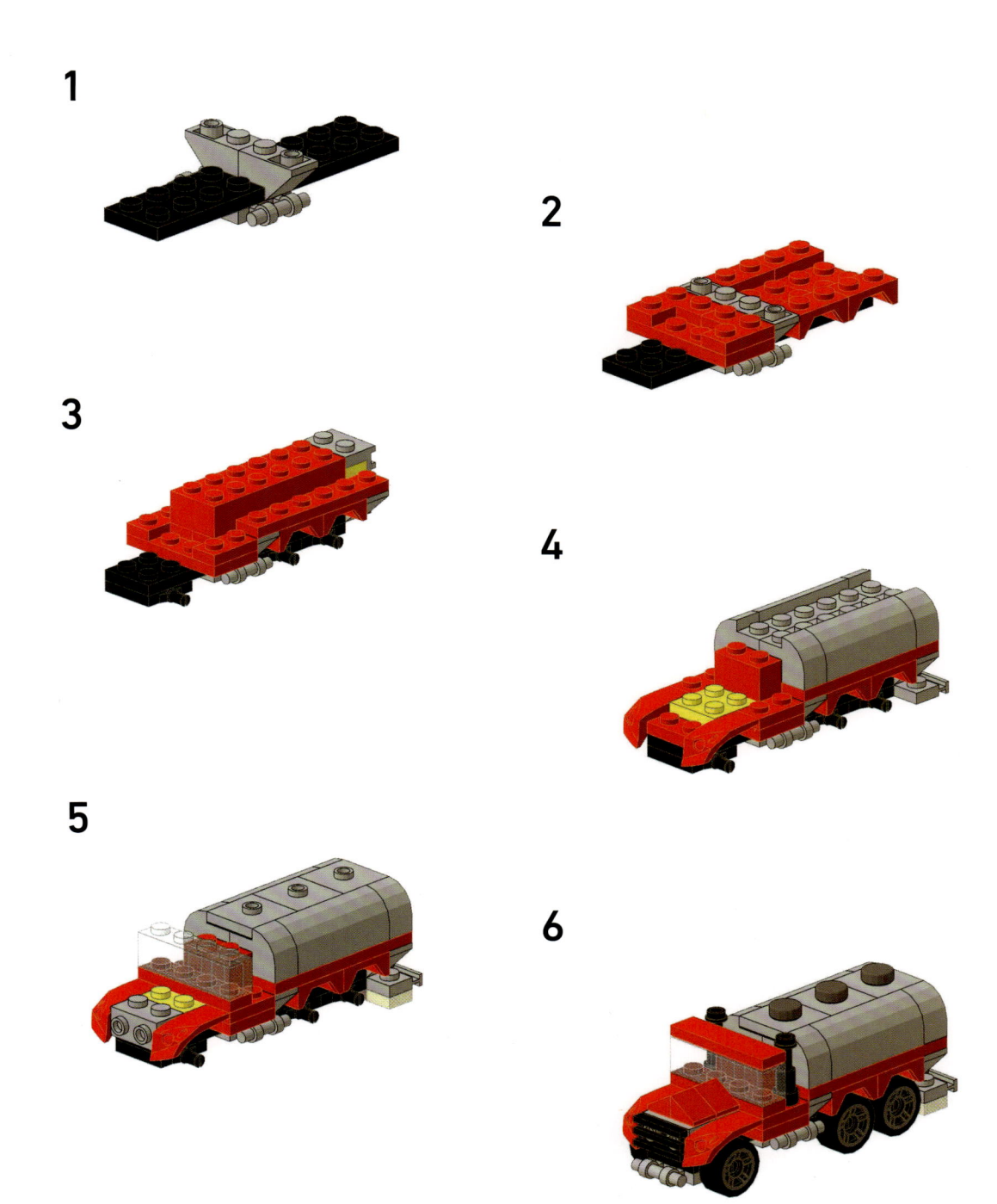

トラクター

トラクターは農家の強い味方。ぬかるんだ地面でもパワフルなエンジンと巨大な後輪が優れたグリップ力を発揮。この明るい緑色のトラクターは、よくある屋根なしタイプ。乗員を事故から守るロールケージもついています。トラクターの前部や後部には、さまざまな農機具を取りつけることができます。運転席がとても高い位置にあるため、1×2プレートを用いて運転席へのステップを設けました。

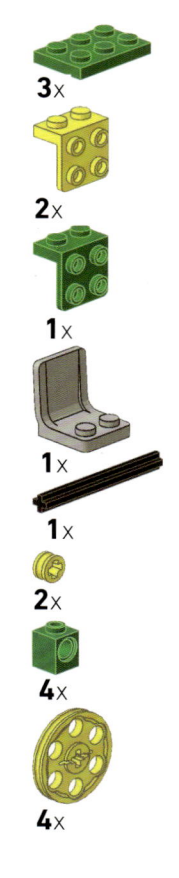

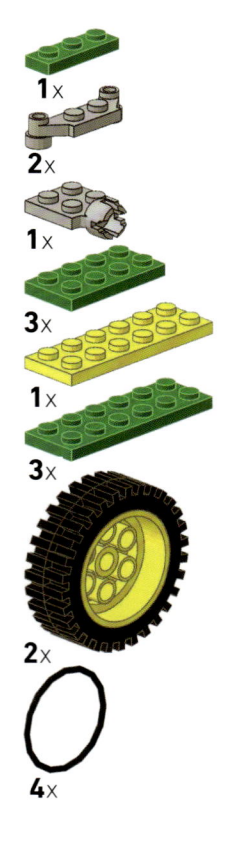

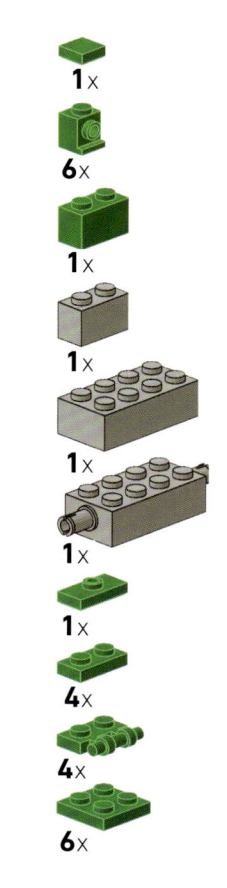

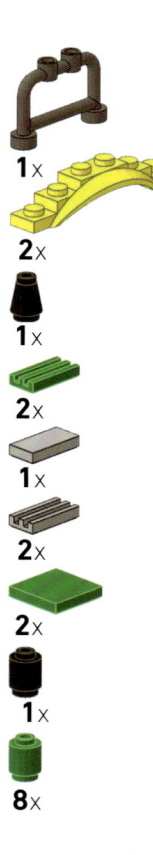

トラクター

1

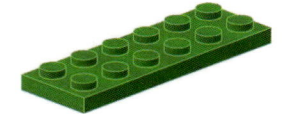

2

3

4

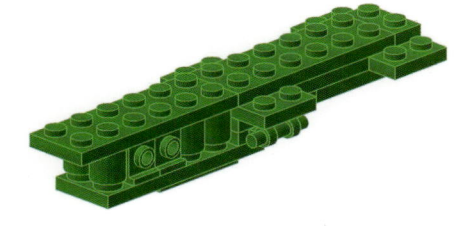

5

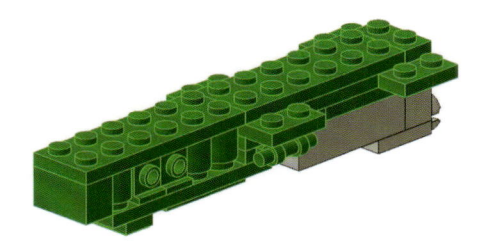

6

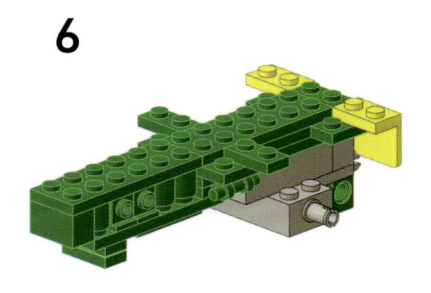

7

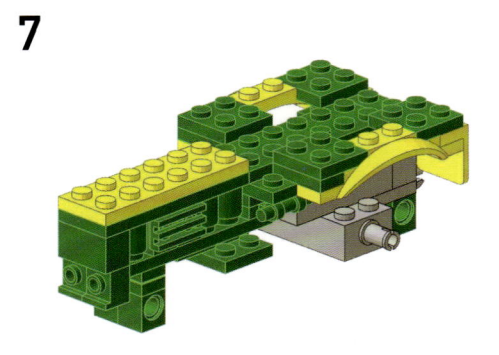

8

9

ブルドーザー

建物跡地を整地したり土地を切り開いたりするときに使われるブルドーザーは、トラクターの両側に大きな無限軌道、前面に巨大なブレード（排土板）を装備し、進行方向から土砂やがれきを押し出す働きをするパワフルな乗り物です。この黄色いモデルでは、1×2×1.3の曲面ブロックを使ってブルドーザー特有のしし鼻を再現。エンジン両側面の通気口と前面のラジエーターには1×2のタイル（グリル）を使っています。

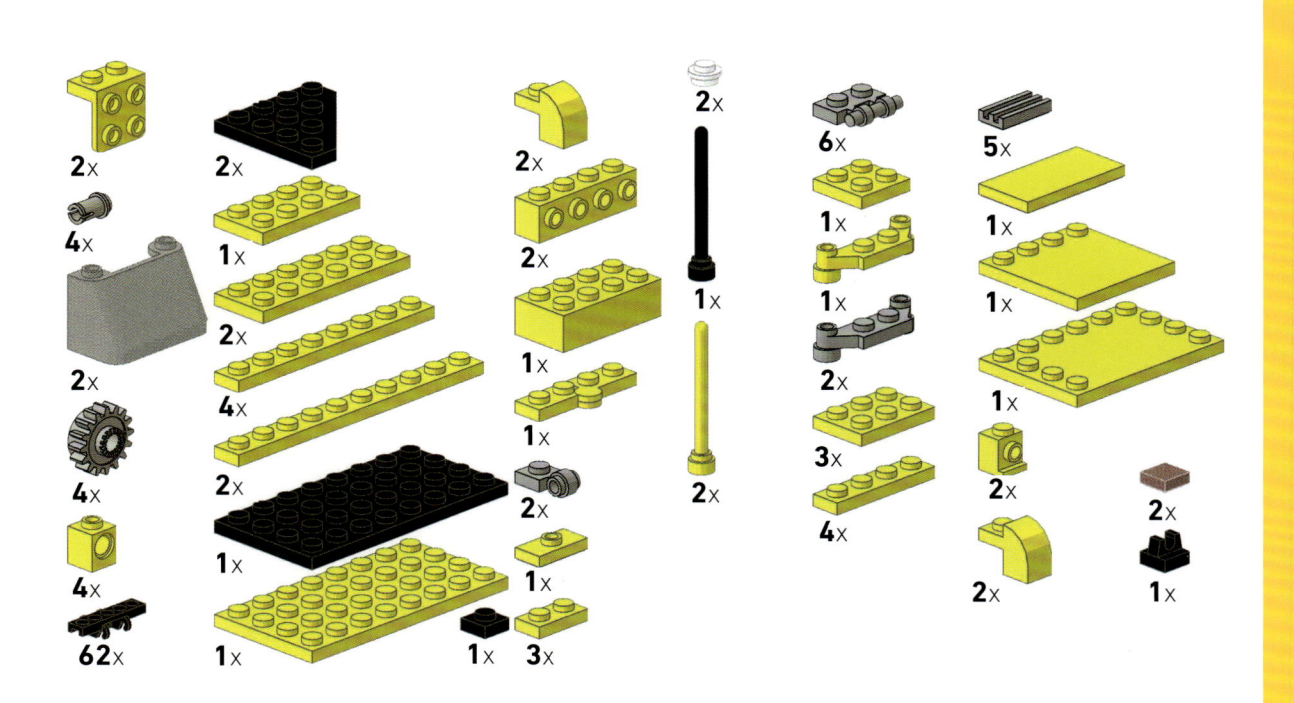

ブルドーザー

1

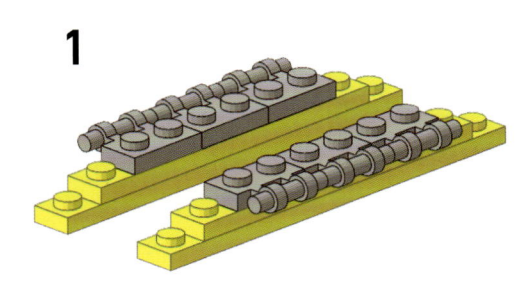

2

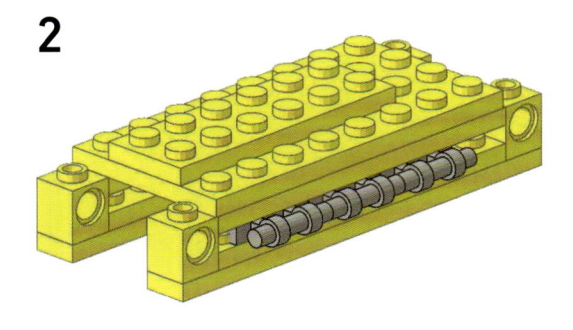

3

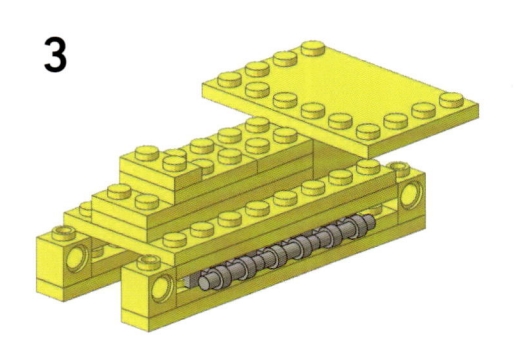

4

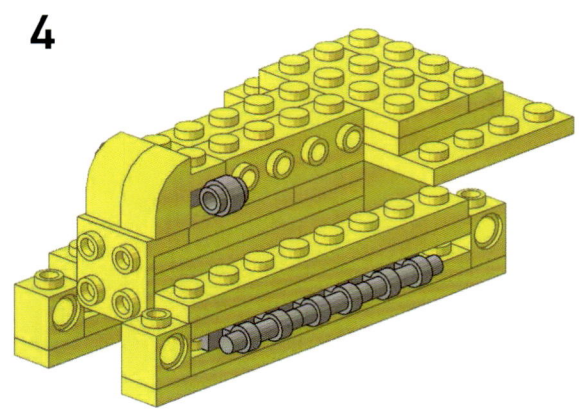

5

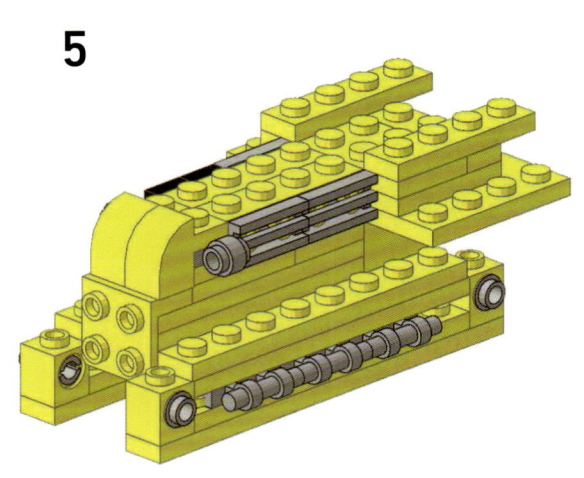

ブルドーザー

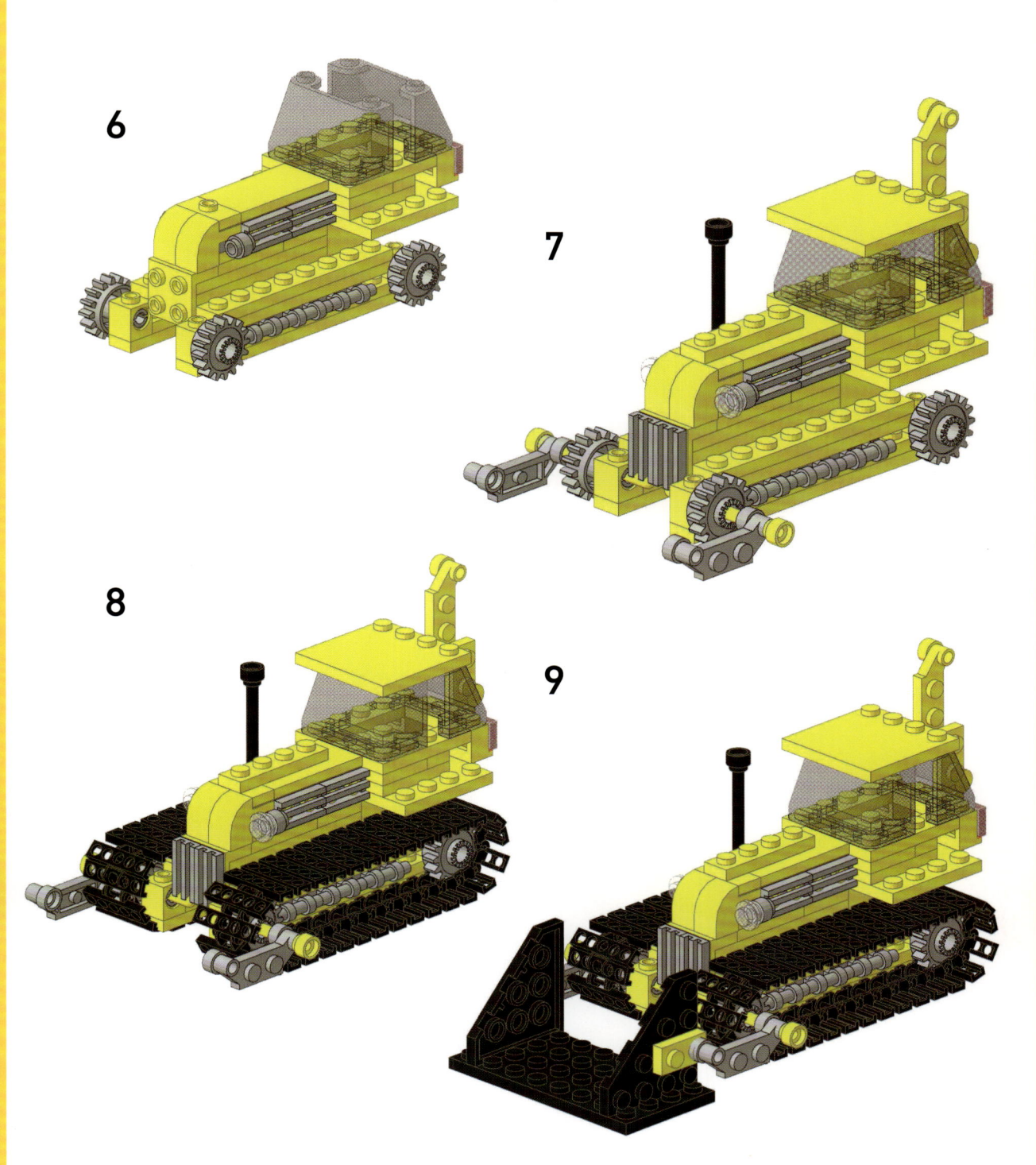

ダンプカー

ダンプカーの巨大な車両は、土砂などを大量に運搬して必要な場所で一気に降ろすためのもの。建設現場や採掘現場に限らず、重量物を移動させる際にも活躍します。ダンプ部分は、運転席後部の跳上げ開口式の荷台でできています。この模型では、ダンプ部分を2本の車軸を必要とする頑丈な車輪の上に載せています。車輪は重量物の荷重に耐えられる設計になっています。

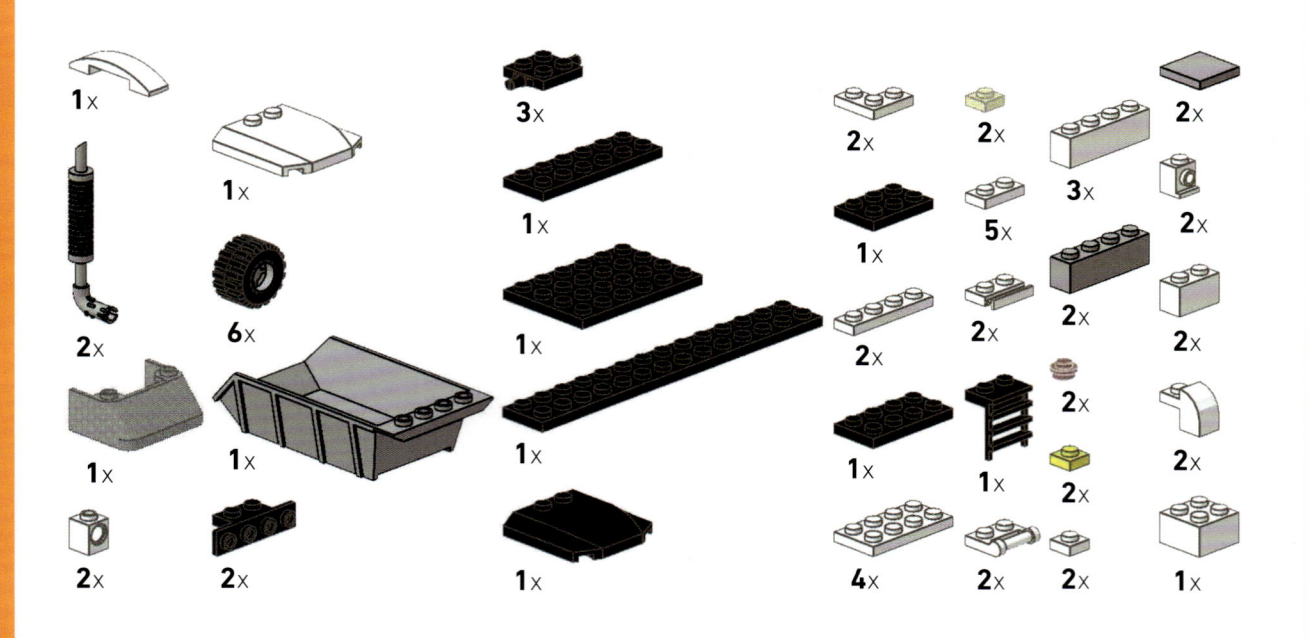

1x 1x 1x 3x 2x 2x 2x

2x 6x 1x 1x 5x 3x 2x

1x 1x 1x 2x 2x 2x 2x

2x 2x 1x 1x 1x 2x 2x

2x 2x 1x 4x 2x 2x 1x

ダンプカー

1

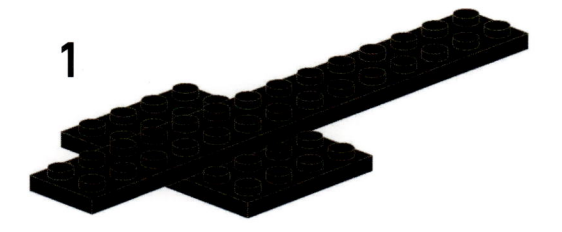

2

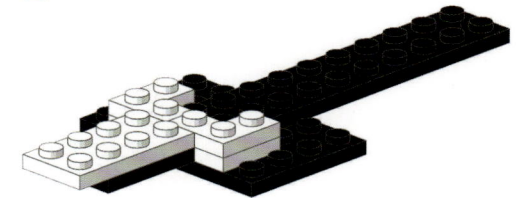

3

4

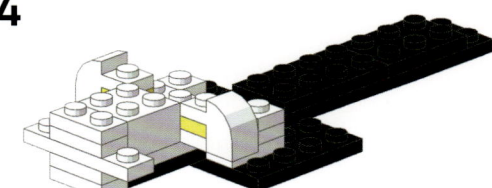

5

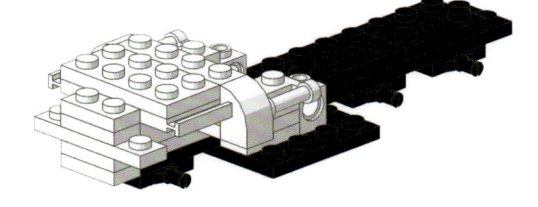

6

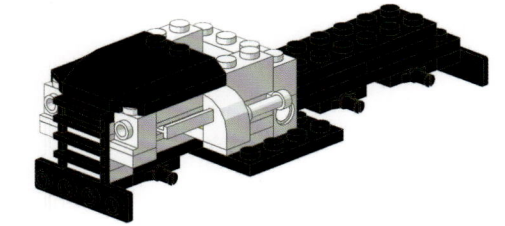

7

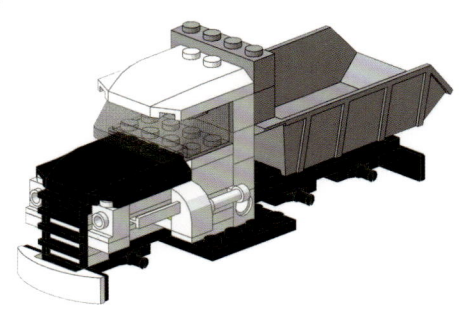

8

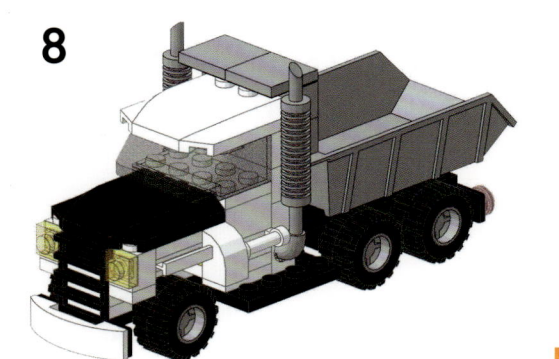

T型フォード

T型フォードは1908年にアメリカで発売された大衆車で、さまざまな色や種類が展開されました。このレゴ®ブロックの模型は、ミシガン州デトロイトのヘンリー・フォード博物館に現存する1927年型をモデルにしています。ドアは自動車用ドア（左右ペア）、前面のラジエーターには1×2のブロックグリルを使っています。

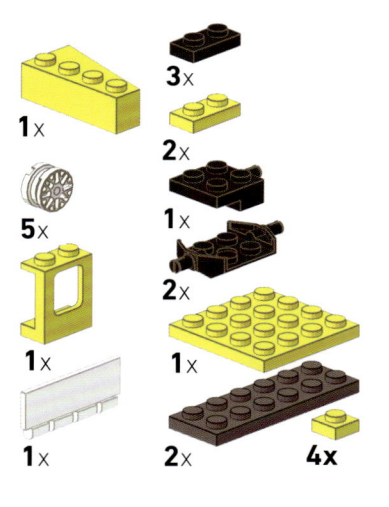
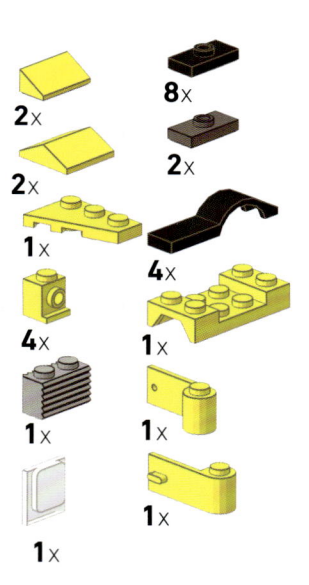
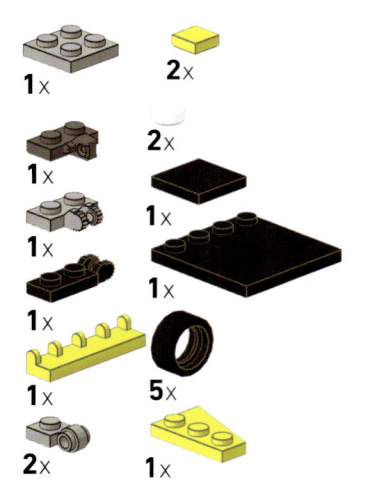

Ｔ型フォード

1

2

3

4

5

6

7

8

9

高所作業車

高所作業車は信号機の修理から高所の飾りつけまでさまざまな現場で活躍しており、移動式アームの先端に取りつけられたゴンドラが上に持ち上げられるという構造になっています。この模型では360度回転するブーム（アーム）の動きを再現するため、2×2のターンテーブルを真ん中に配置して安定を保っています。ゴンドラ部分には、別のキットからの特殊パーツを用いています。

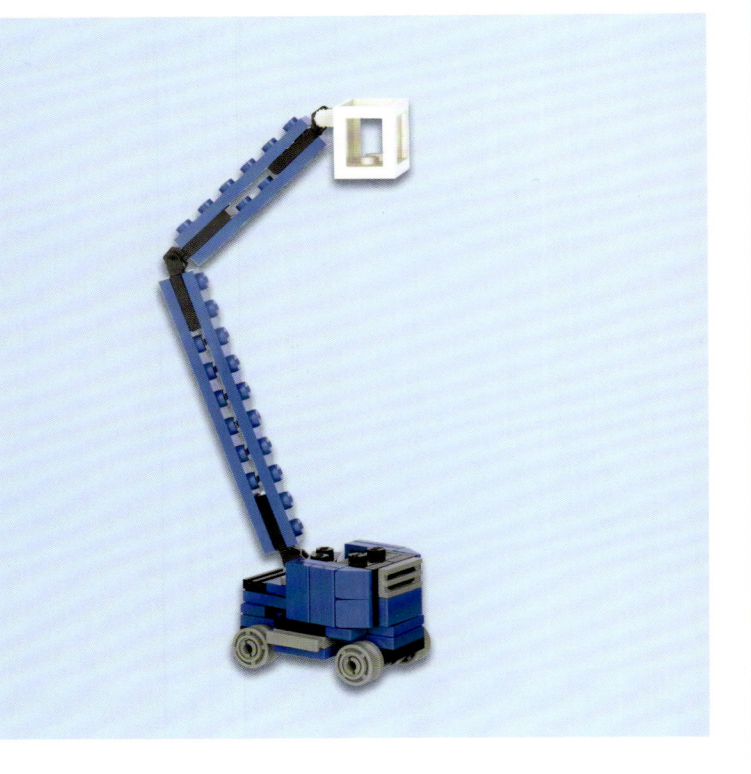

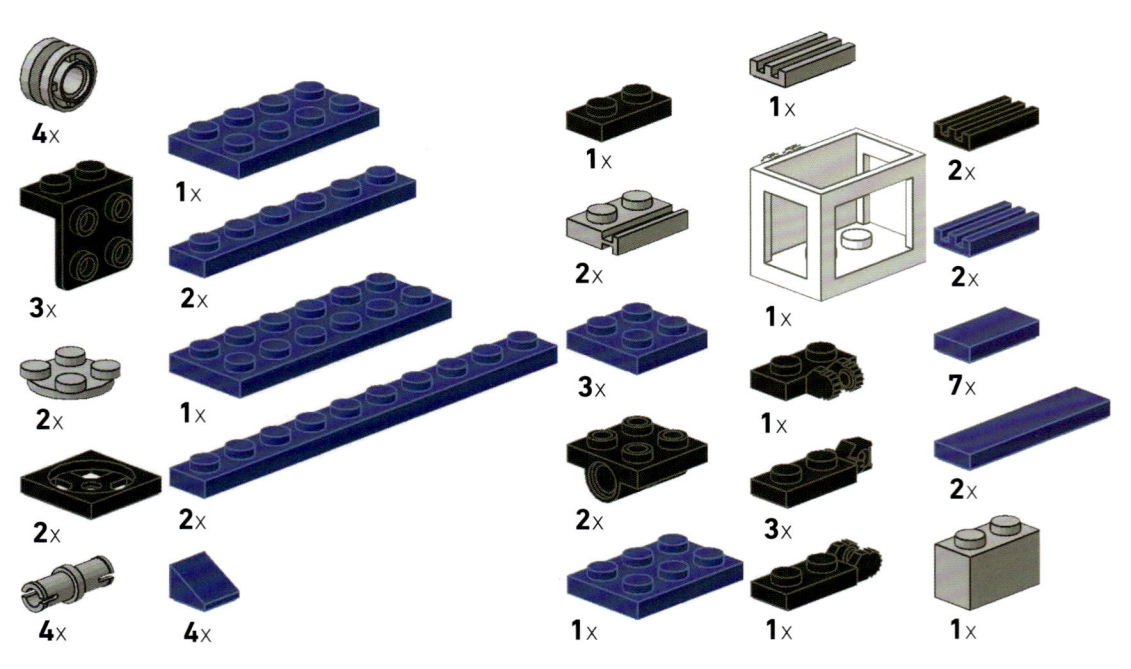

4x

3x

2x

2x

4x

1x

2x

1x

1x

2x

4x

1x

2x

3x

2x

1x

2x

3x

1x

1x

2x

1x

2x

2x

7x

2x

1x

高所作業車

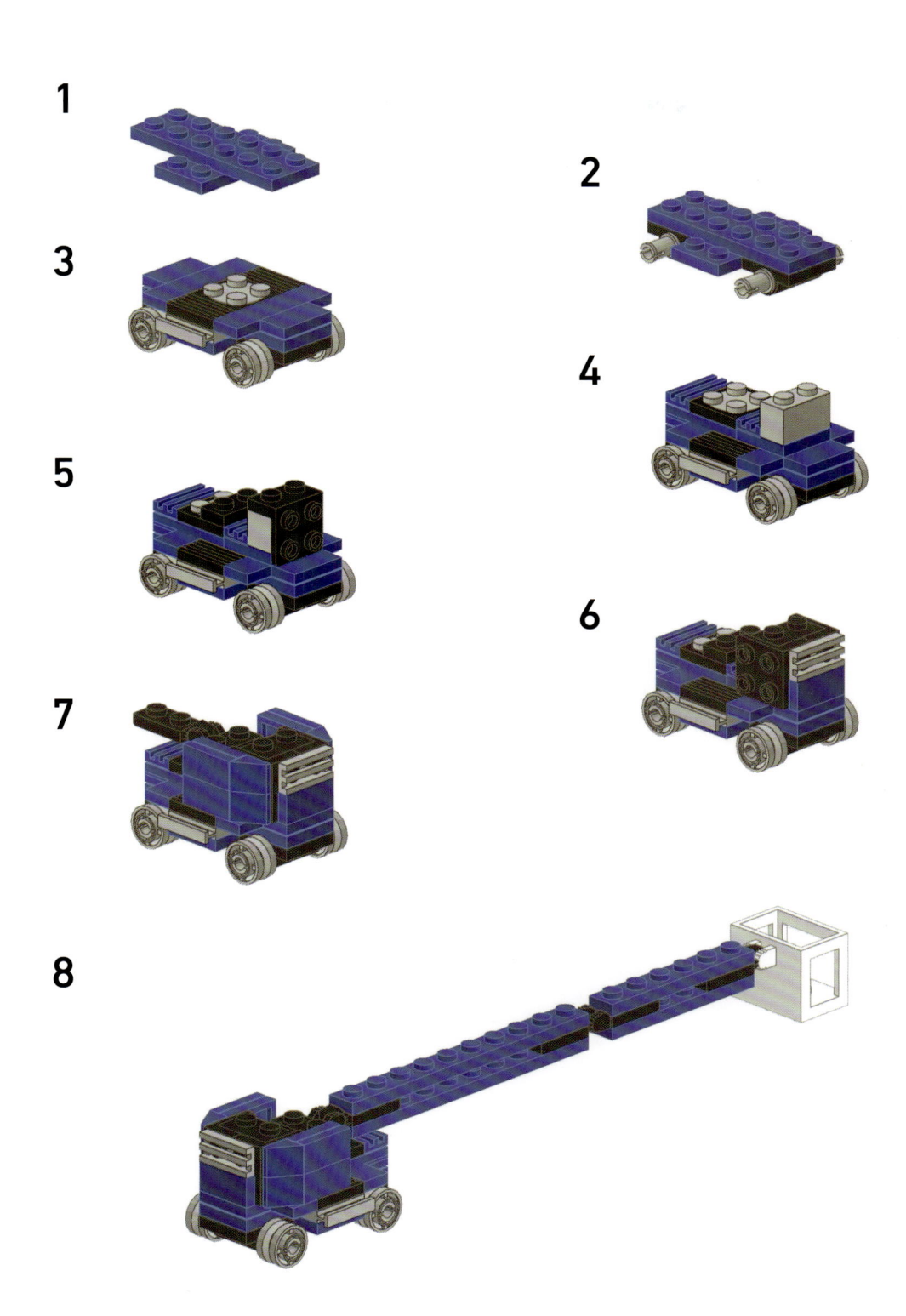

1

2

3

4

5

6

7

8

スマート

スマートは、街中を走るのにピッタリのマイクロカーや小型車のブランド。ひと目でそれと分かる超小型デザインで、実際、通常の車種の横幅程度のスペースに縦列駐車することができます。2人用や、車種によっては4人用のシートがしっかりと装備されているものもあります。オリジナルのスマートは白色でしたが、この模型ではかわいらしい青色にしてみました。しし鼻型のボンネット形状をうまく再現するため、1×1×2のスロープ33度を用いています。

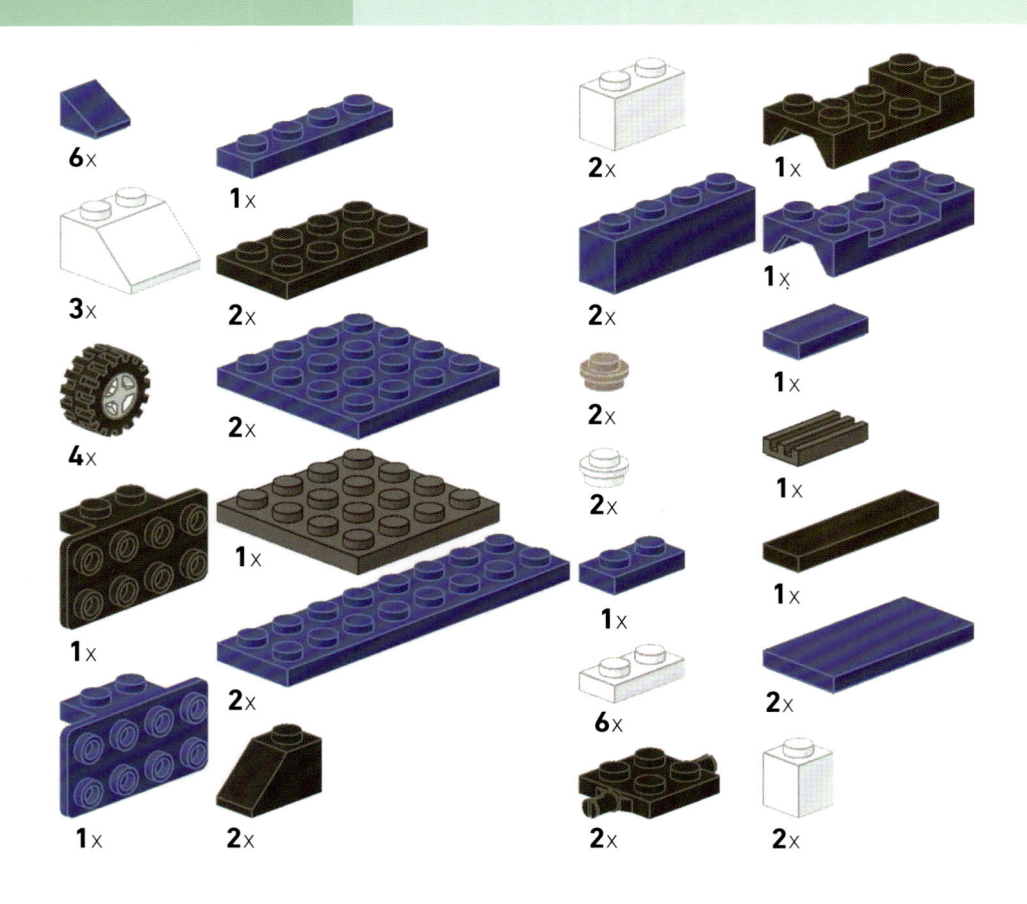

スマート

1

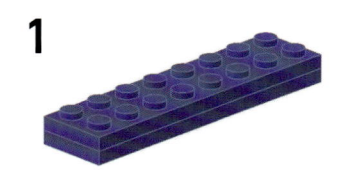

2

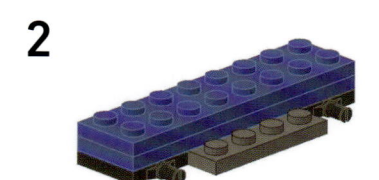

3

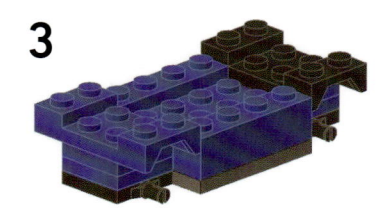

4

5

6

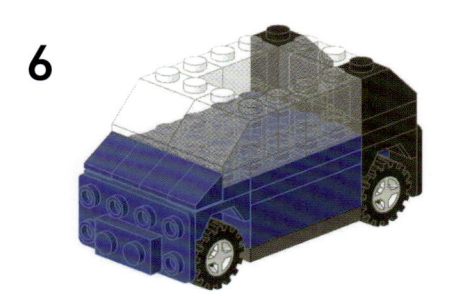

7

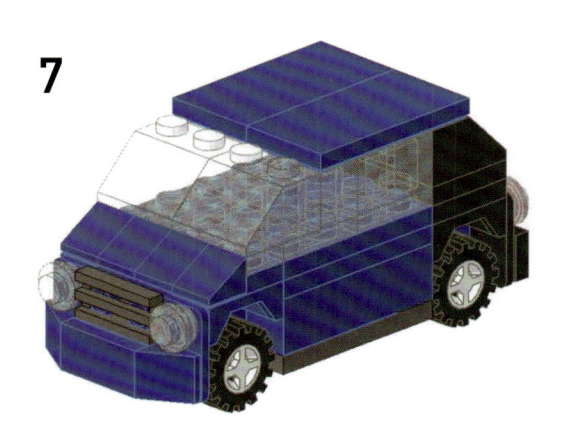

ミニクーパー

ミニクーパーは1960年代イギリスの象徴。その敏捷性と人目を引くおしゃれなデザインでイギリスNo.1の人気車種となりました。1999年に行われた世論調査では、「20世紀で最も影響力のあった車」としてT型フォードに次いで第2位に輝いています。ここでは赤色でかわいらしくしていますが、どんな色でつくっても似合うデザインになっています。

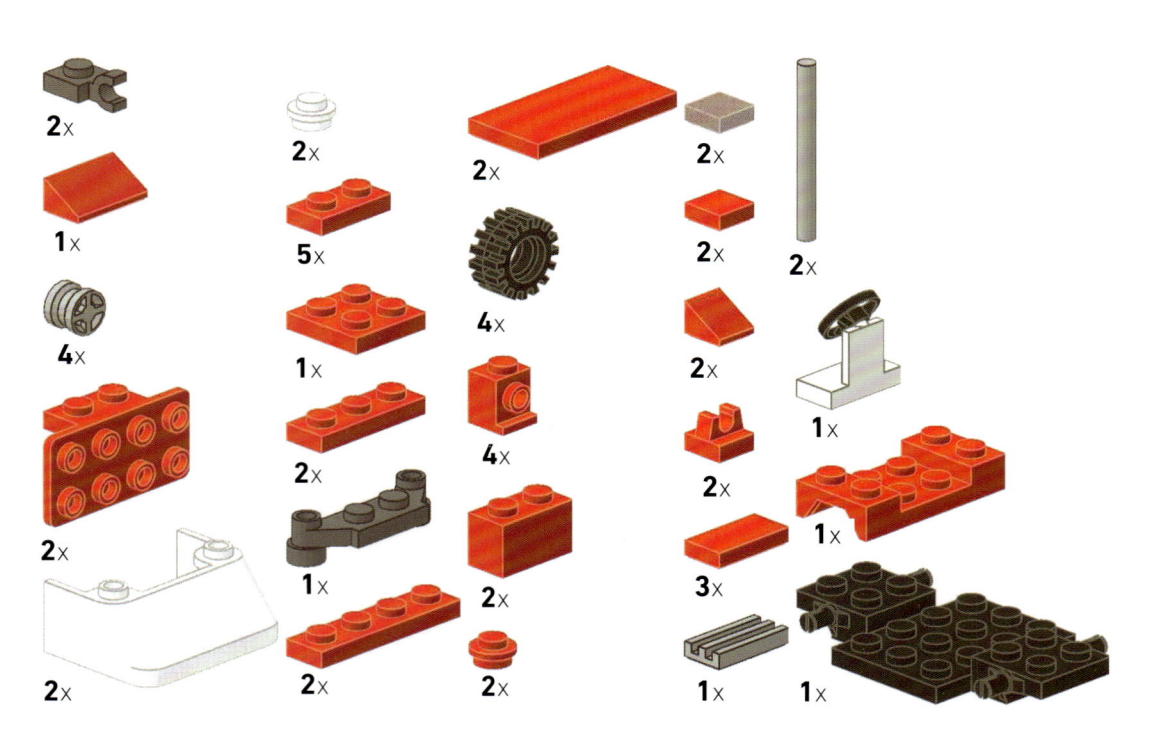

ミニクーパー

1

2

3

4

5

6

7

8

タクシー

タクシーは世界中で移動手段として使われており、さまざまな形や大きさがあります。ニューヨークの有名なイエローキャブは数えきれないほどの映画に登場していますし、黒いロンドンタクシーは典型的なイギリスのイメージです。ここではニューヨークのタクシーをつくってみました。屋根の上にあるイエローキャブ特有の広告看板には、1×1×2のスロープ33度を用いています。

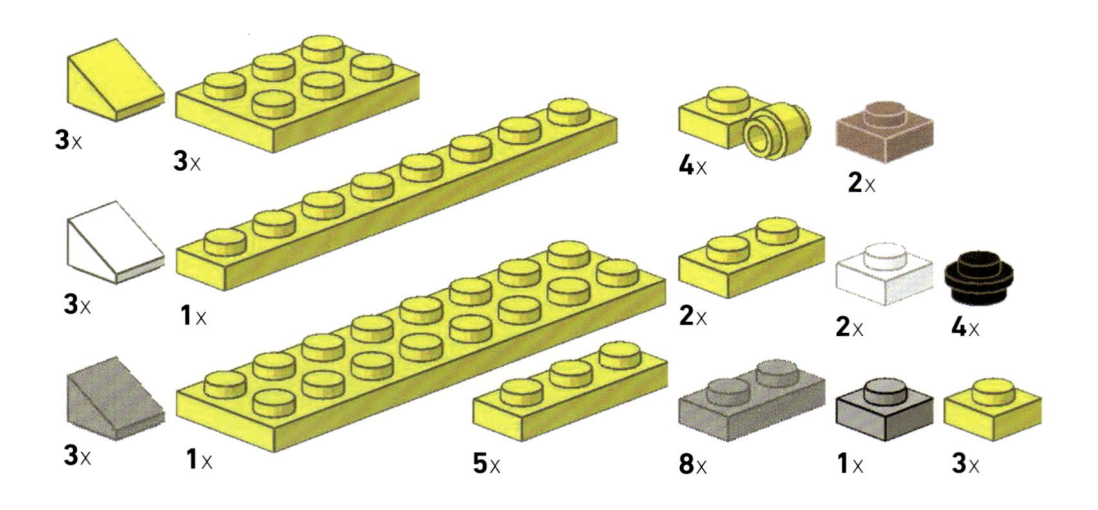

3x 3x 1x 4x 2x

3x 1x 2x 2x 4x

3x 1x 5x 8x 1x 3x

タクシー

1

2
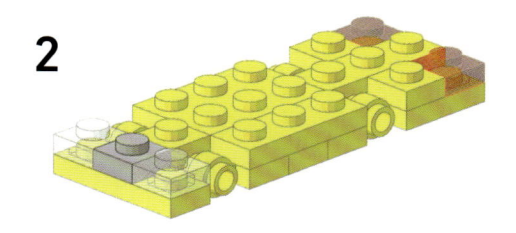

3
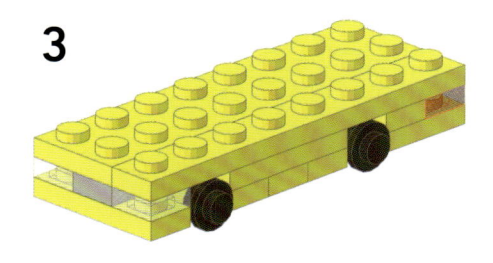

4
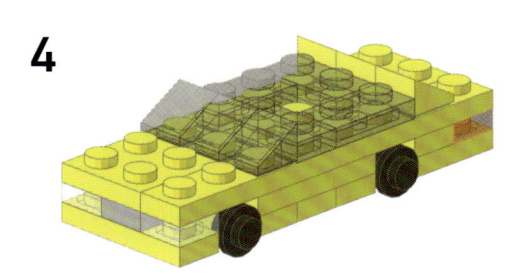

5
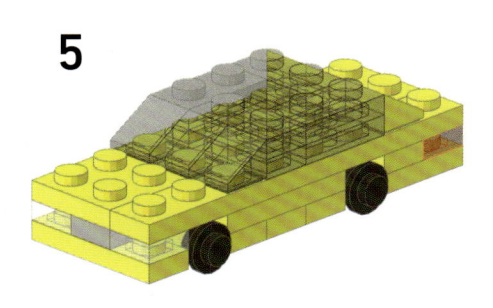

6
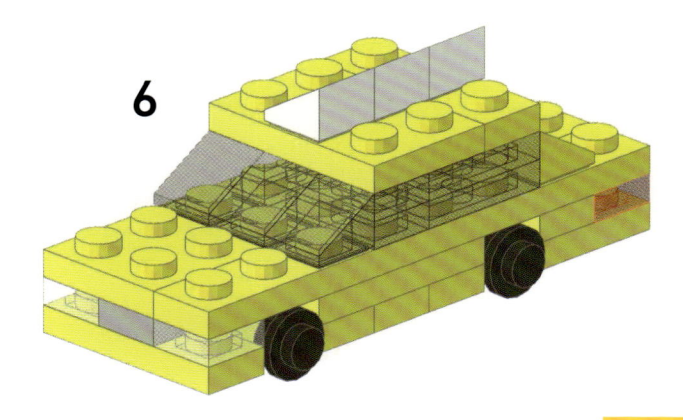

トゥクトゥク

タイの街を走るトゥクトゥク。インドやインドネシア、ナイジェリア、モザンビーク、タンザニアなどでも、街中を走り回る三輪タクシーの姿をよく見かけます。ボディは小さいかもしれませんが、運転手と乗客1人を乗せるのには十分です。この模型では、4×4×2/3のウェッジ（カーブ）を使って2人を覆う屋根を設けました。シート部分は、1×1×2のスロープ33度を4つ並べてつくってあります。

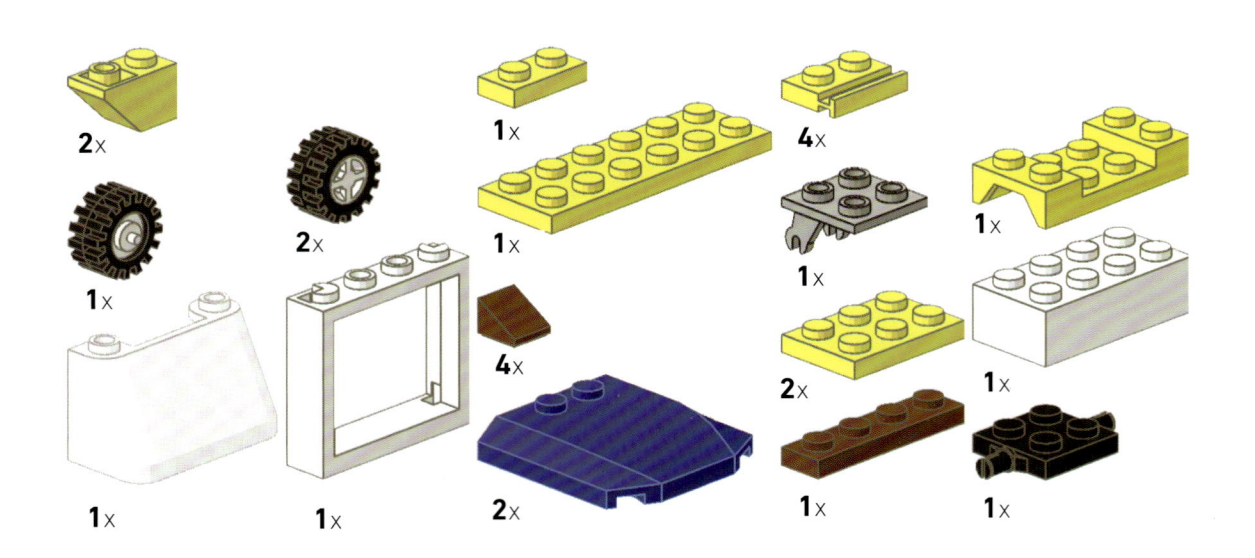

72

トゥクトゥク

1

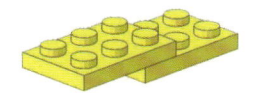

2

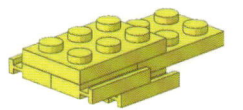

3

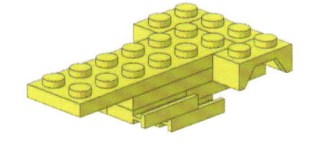

4

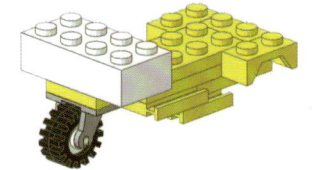

5

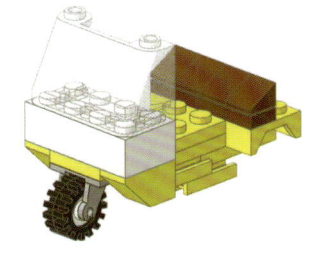

6

7

73

ビートル

独特の曲線に丸いヘッドライトが特徴的なフォルクスワーゲンのビートル。第二次世界大戦終結後に初めて大量生産され、以来人々の人気を集めてきました。曲線のホイールアーチと、キュートなフロントデザインが特徴です。この模型では、さまざまな小さなカーブスロープを使って、この車特有の曲線美を再現しています。

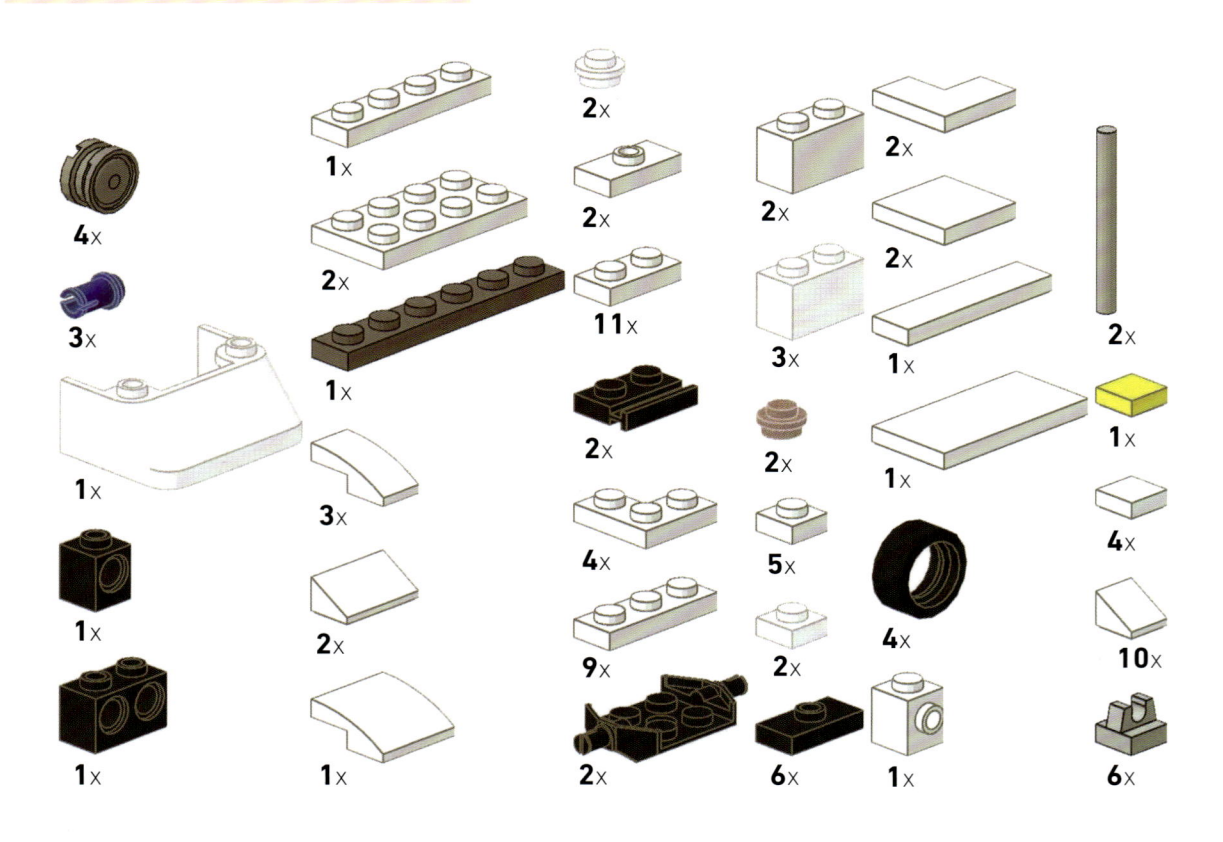

ビートル

1

2

3
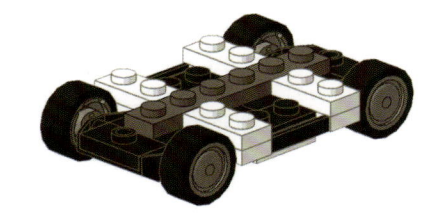

4
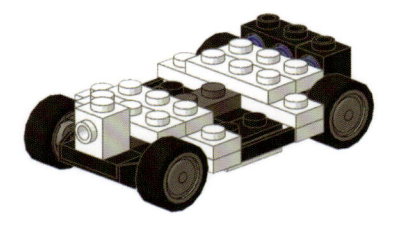

5
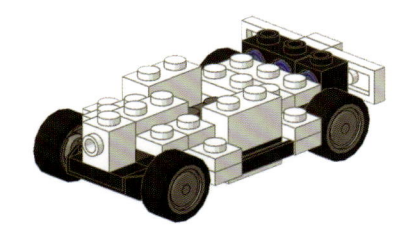

6
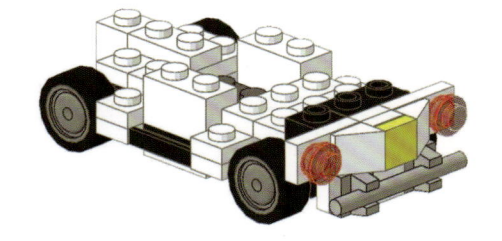

ビートル

7

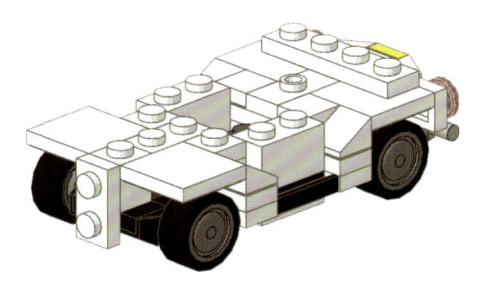

8

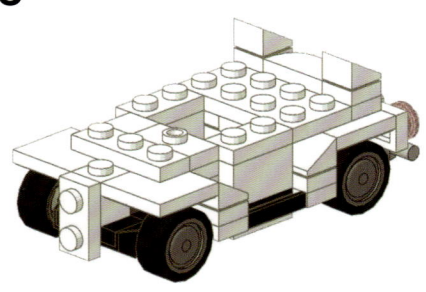

9

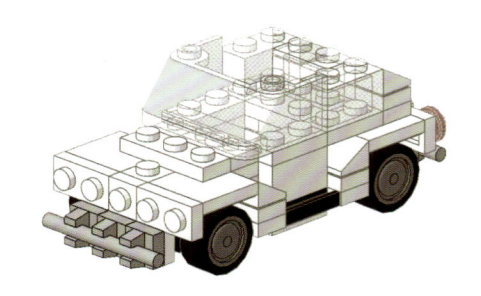

10

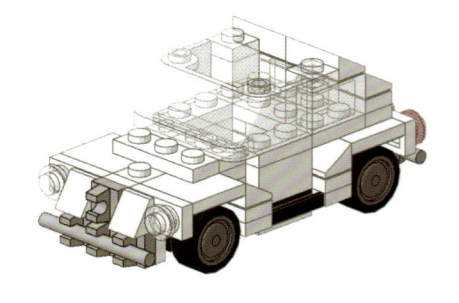

11

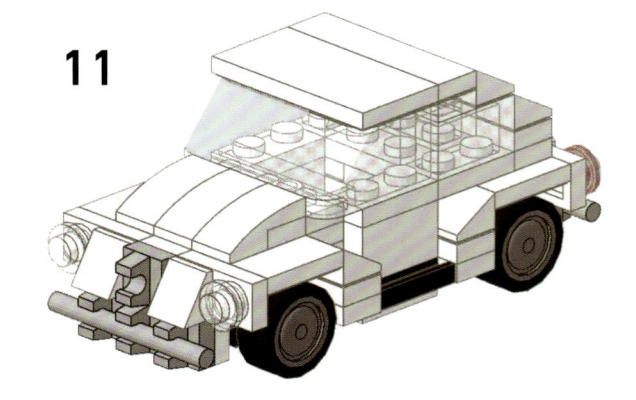

ビンテージカー

この模型は、赤色のキャデラック・クラシックカーがモデル。1×1のブロック（片側面にポッチ）とウェッジプレートをいくつか用いてフィンを再現。さらに上向きのブラケットを取りつけてテールランプにしました。典型的な60年代風ヘッドライトには、双眼鏡パーツがぴったりで、双眼鏡パーツ4個と1×2のプレート（ドアレール付）で独特のフロントデザインを再現しました。

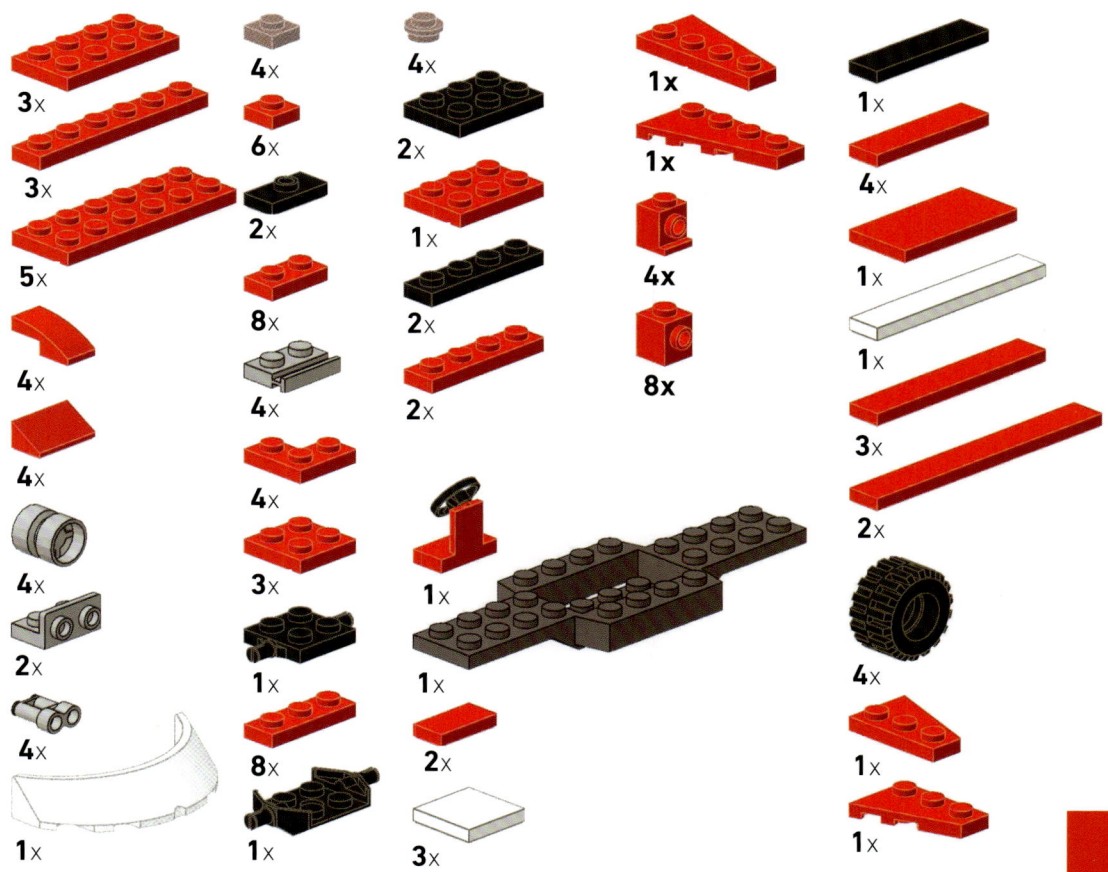

ビンテージカー

1

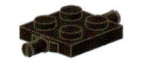

2

3

4

5

6

7

ビンテージカー

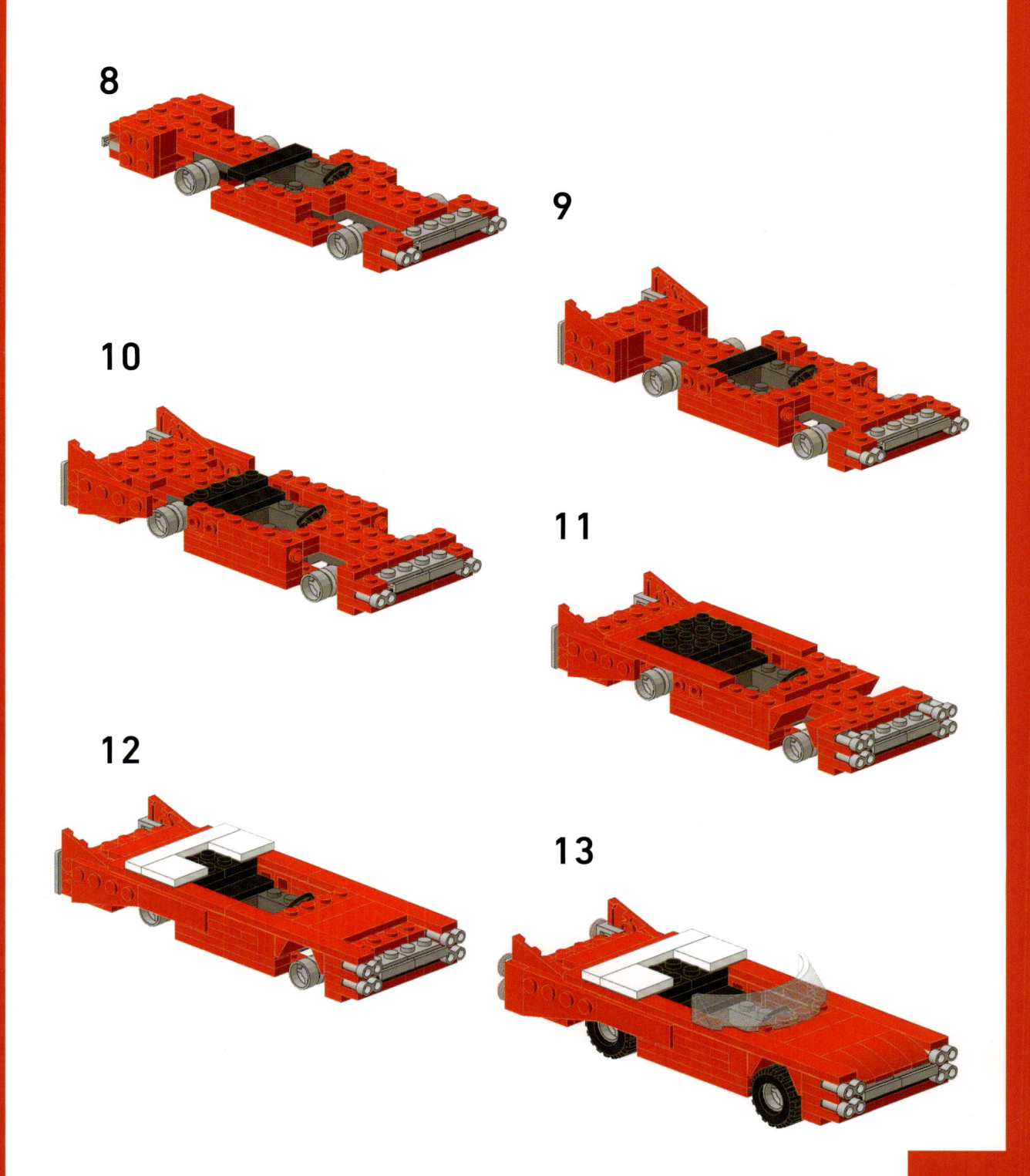

8

9

10

11

12

13

空飛ぶクルマ

空飛ぶ車をイメージしたこの車は、レトロなボンネットの車体に優雅に波打った羽根がついています。安全で座り心地の良さそうな運転席には、3×4のウェッジプレートを重ねて使用。透明なパネルでつくったフロントガラスが運転手を雨風から守ります。長さ4の丸棒1本と1×2のプレート（水平クリップ2個）、1×1の透明黄のプレート（丸）でヘッドライトをつくり、スチームパンク調に仕上げています。

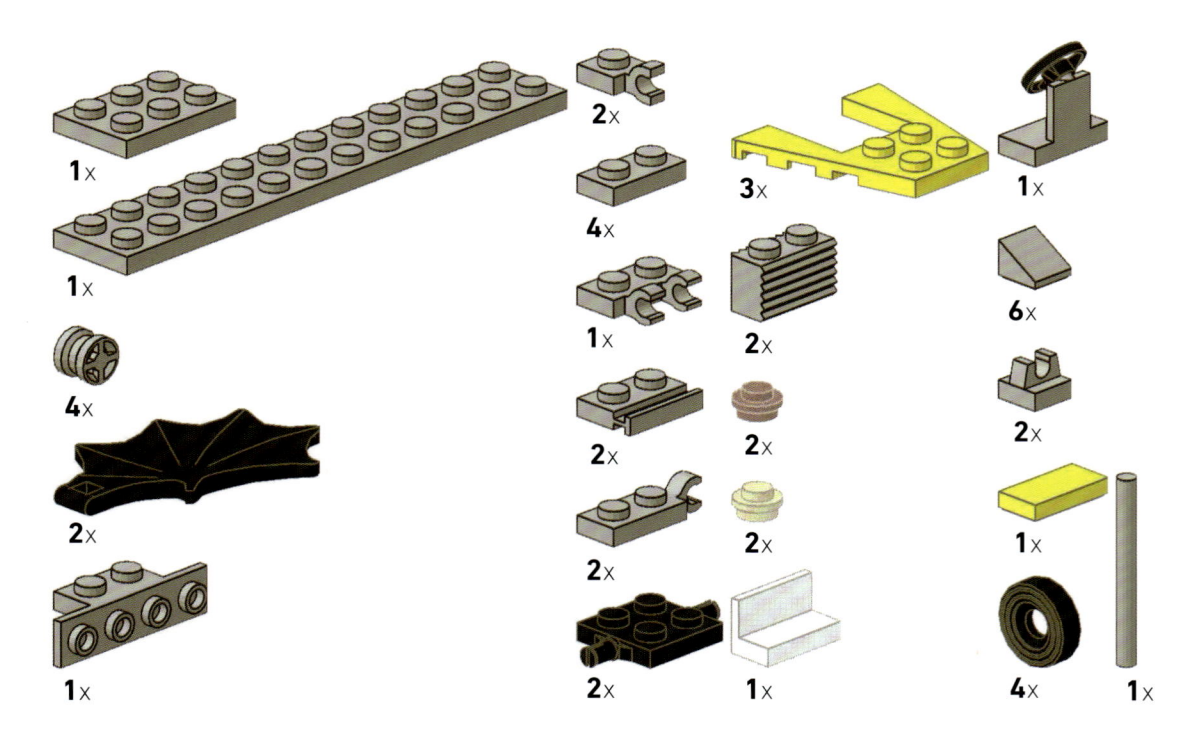

1x
1x
4x
2x

2x
4x
1x
1x
2x
2x
2x
2x
1x

3x
2x
2x
2x
1x

1x
6x
2x
1x
4x
1x

空飛ぶクルマ

1

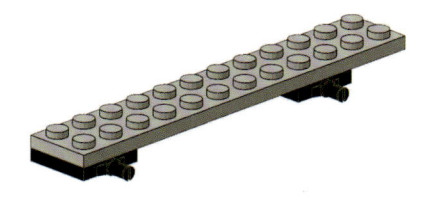

2

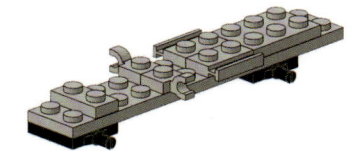

3

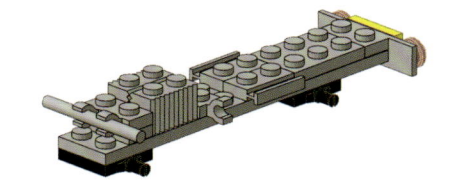

4

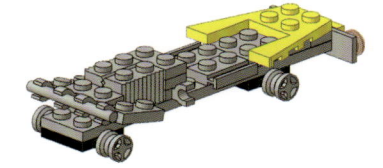

5

6

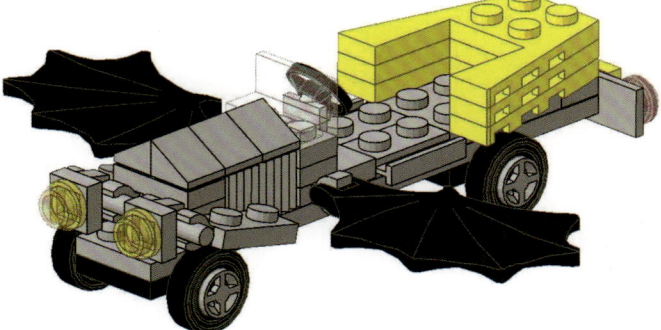

ゴーカート

ゴーカートは、路面に張りつくようにレース場を駆け巡るよう設計された小型四輪車です。大抵は1人乗りですが、2人乗りタイプのものもあります。この模型では、頑丈な車体ベースを使って、地面に張りつくような車体を再現しました。また、ブラケットを使って、カーブスロープ（両側傾斜）をシャーシに対して直角に取りつけ、バンパーに仕上げました。

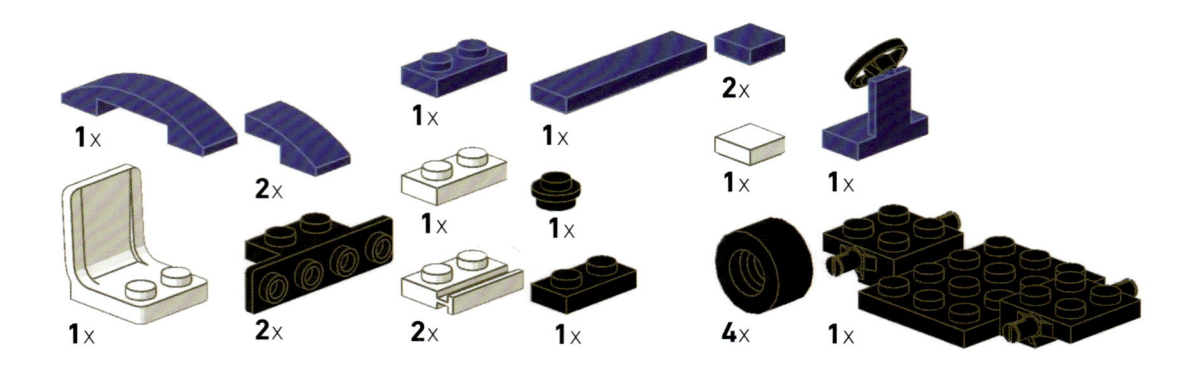

ゴーカート

1

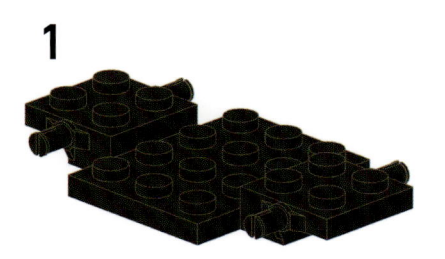

2

3

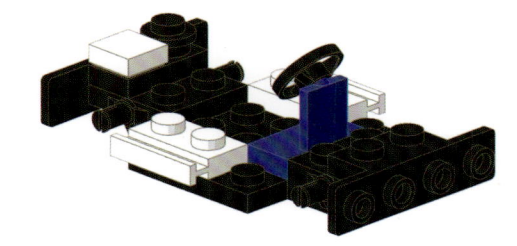

4

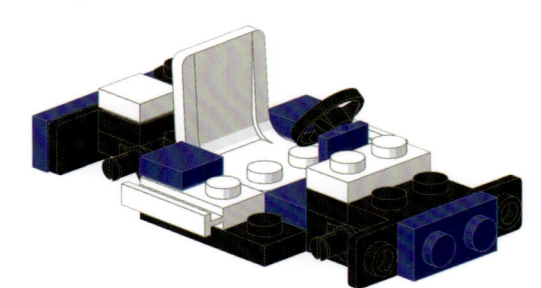

5

月面車
げつめんしゃ

この原型版の月面車は、1970年代初
頭のアポロ計画で何度か使われたタイ
プのものです。宇宙飛行士2名とその
装備、収集した標本を運べるようになっ
ています。また、月面のごつごつした岩
場でも動けるよう、通常とは異なる太い
タイヤを履いています。

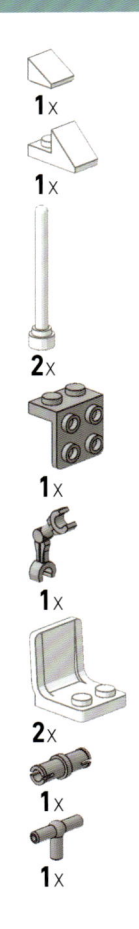

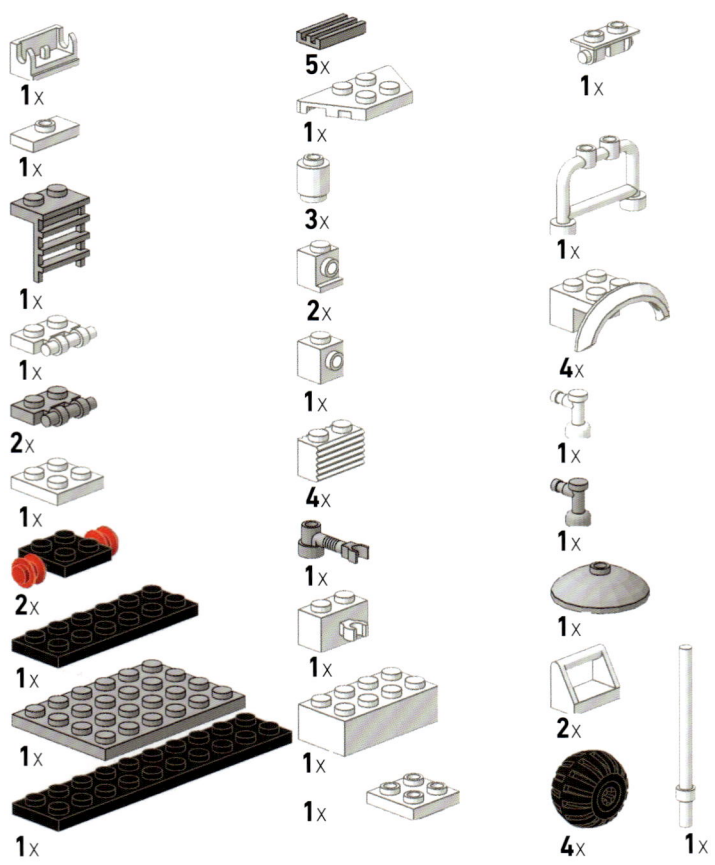

月面車

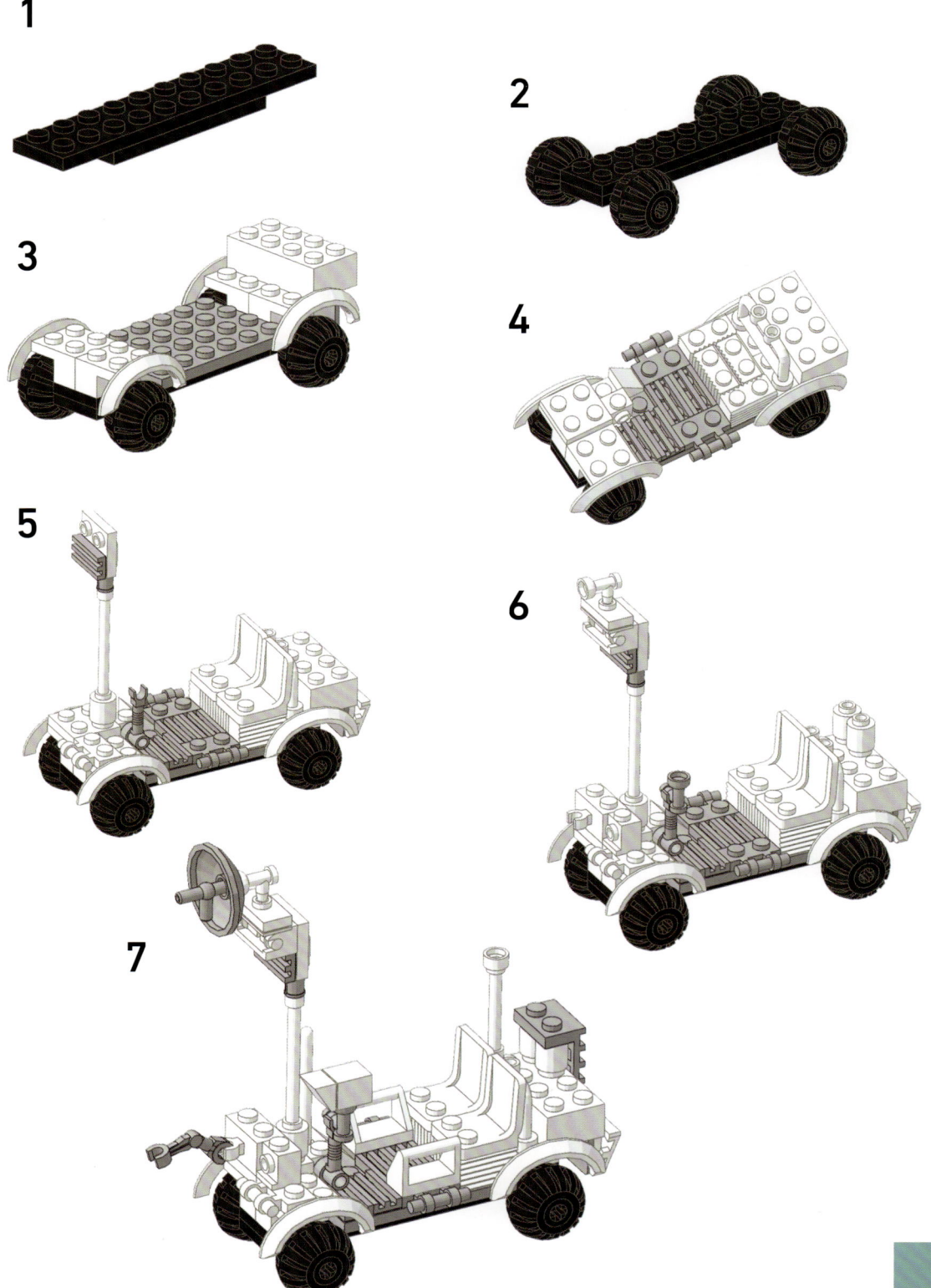

1

2

3

4

5

6

7

2階建てバス

ロンドンの「ルートマスター」として知られる2階建てのダブルデッカー・バスは、一度に70人まで乗客を運ぶことができます。ニューヨークなどの大都市では観光バスとしても使われていますが、この模型は、明るい赤色が特徴的なロンドンのバスをモデルにしました。バス側面の窓と車体広告が際立つように、色の異なるプレートを用いています。

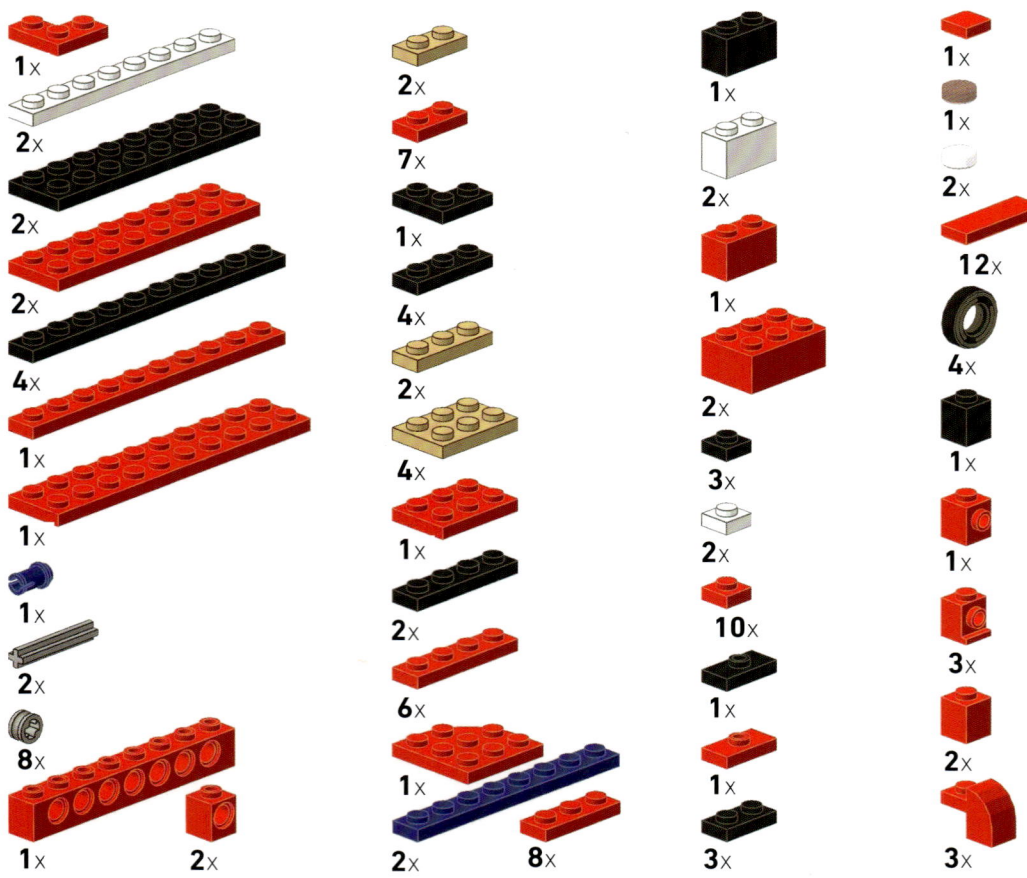

2階建てバス

<ruby>階<rt>かい</rt></ruby><ruby>建<rt>だ</rt></ruby>

1

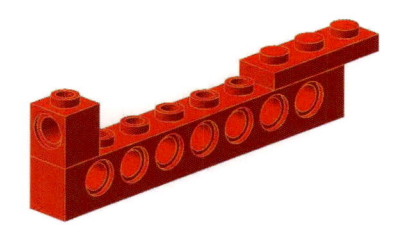

2

3

4

5

6

2階建てバス

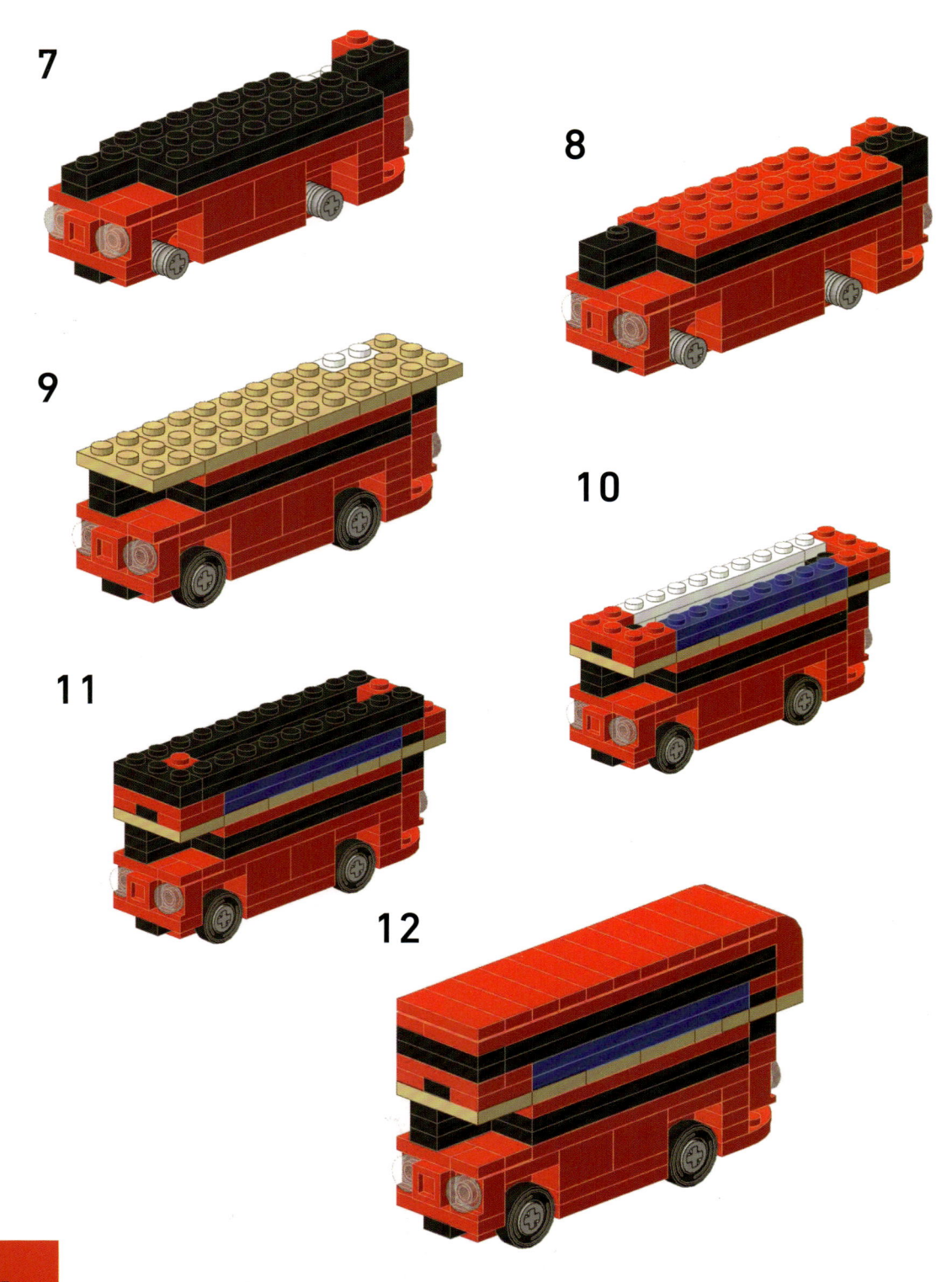

アイスクリームトラック

アイスクリームを販売しているこのバンには、アイスクリームコーン型の装飾がついています（アイスクリームコーンにそれぞれの色の1×1プレート（円）を使用）。配膳口部分には、1×4×3の窓枠を用いて大きな引き違い窓を設けました。屋根には1×4×1.3の曲面ブロックを使用しています。

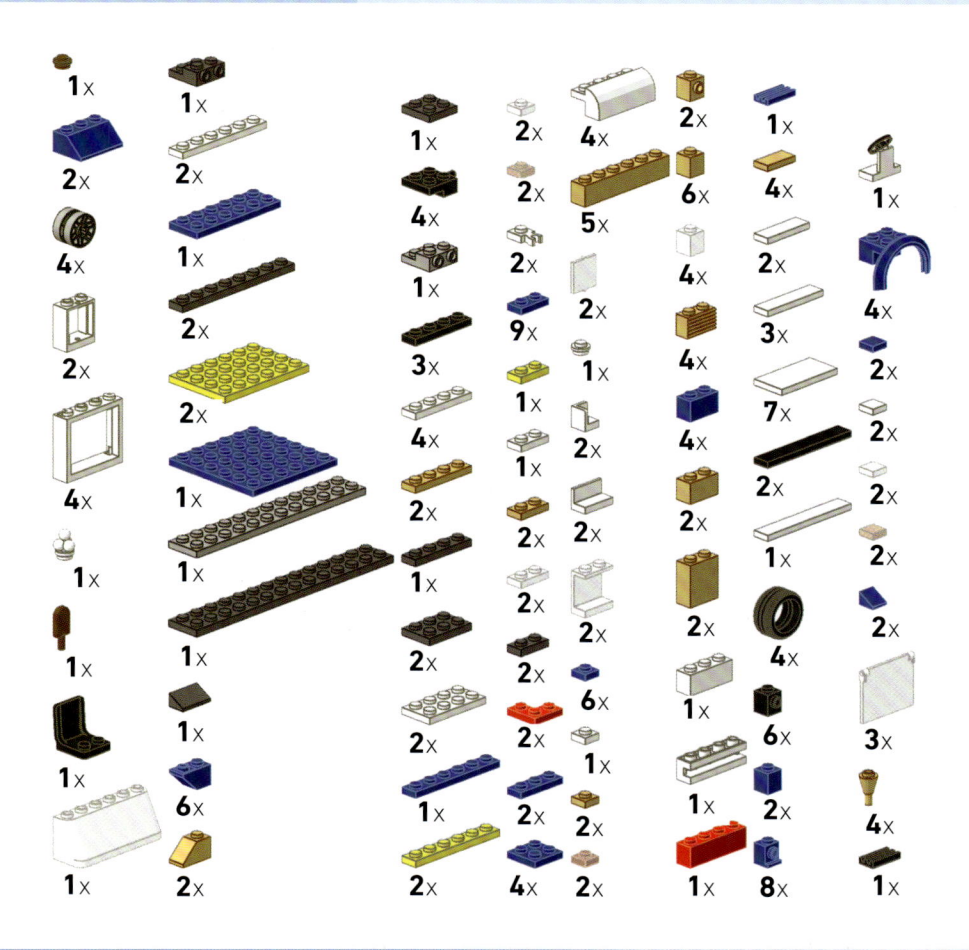

アイスクリームトラック

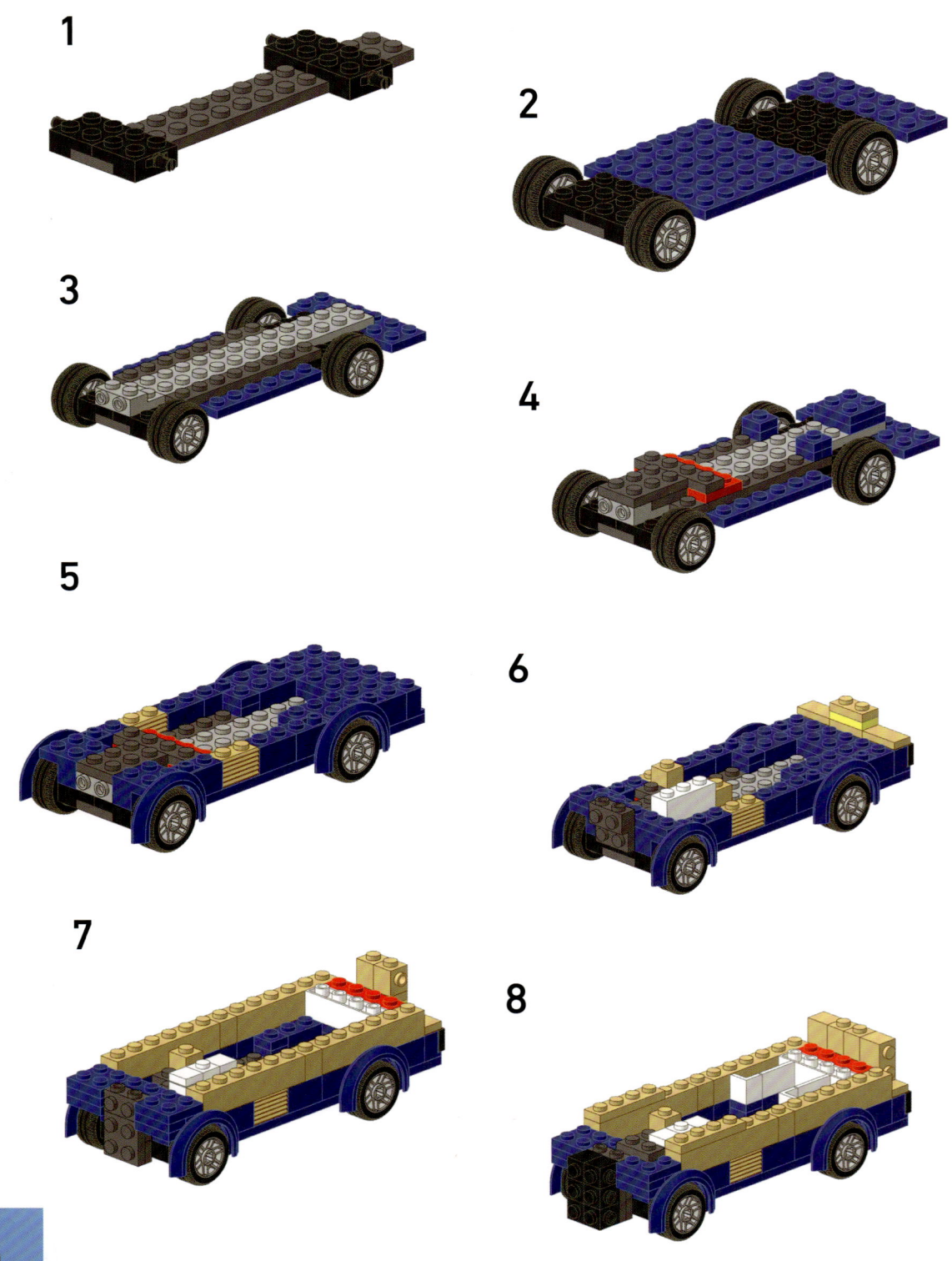

1

2

3

4

5

6

7

8

アイスクリームトラック

9

10

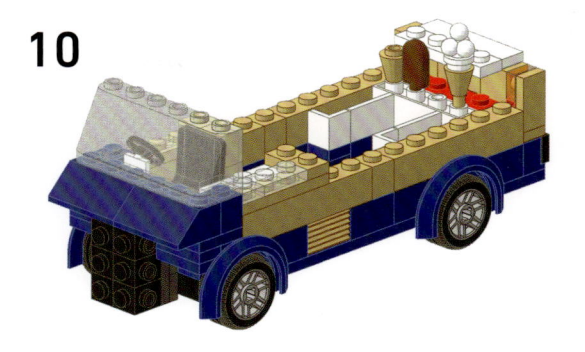

11

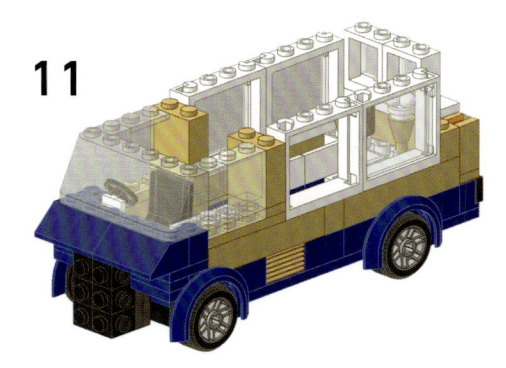

12

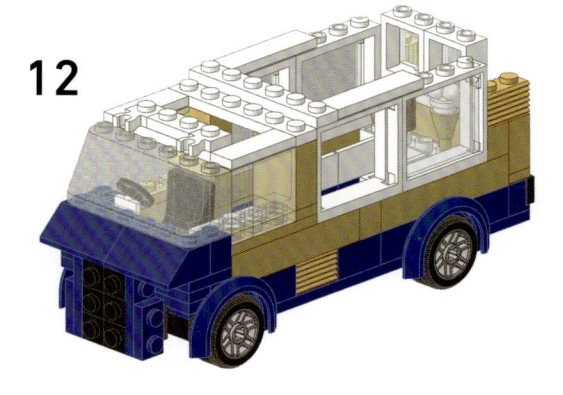

13

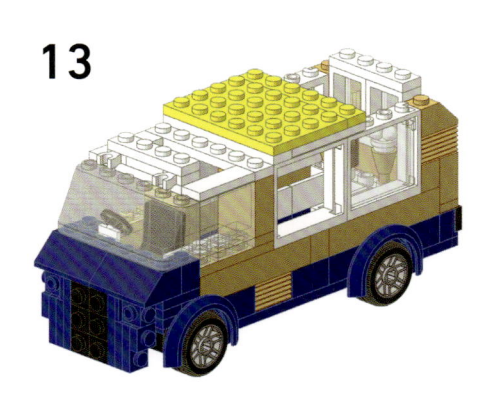

14

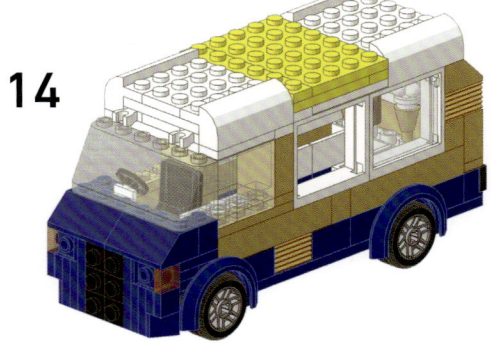

15

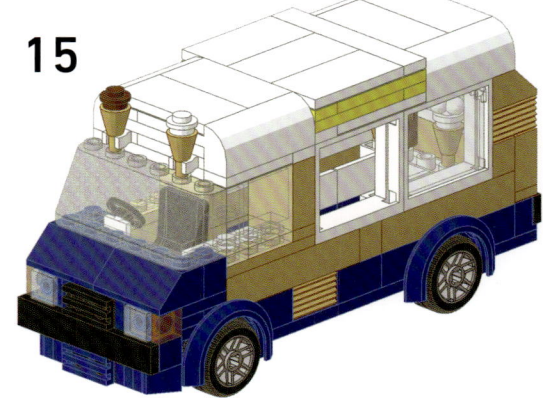

ジープ

このジープは、1941年以降アメリカ陸軍の輸送を担ってきた「ウィリスMB」という、テレビ番組や映画でもおなじみの四輪駆動車がモデルです。箱型のジープの車体はレゴ®ブロックで再現しやすい形です。ここでは、1×4の透明ブロックでつくった折りたたみ式フロントガラスにタイルの屋根をつけるシンプルな形で再現しました。ジープの後ろのスペアタイヤは、1×2-2×2のブラケットと2×2のタイル（上部ペグ付）で取りつけてあります。

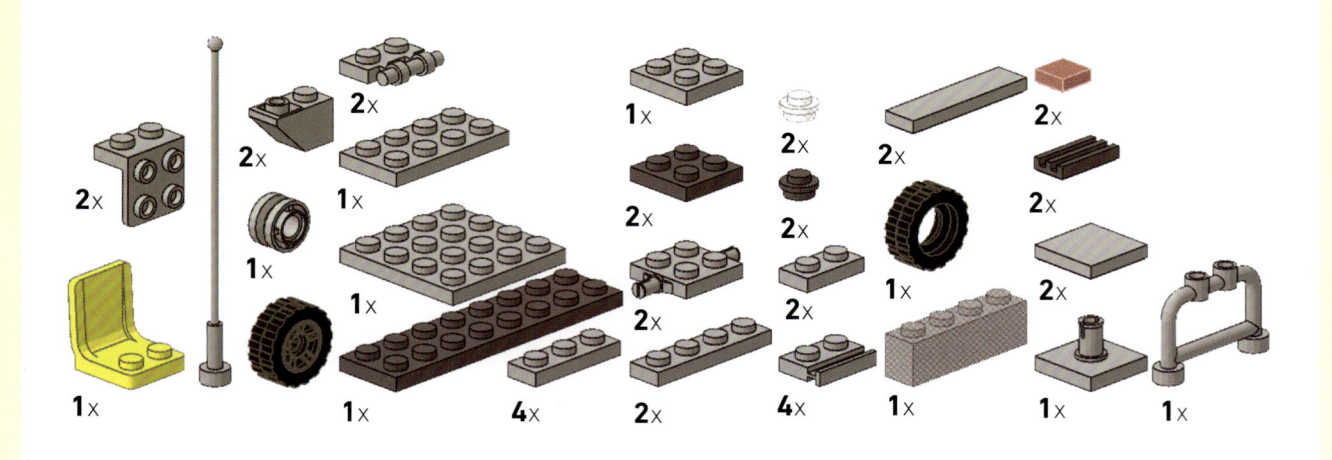

92

ジープ

1

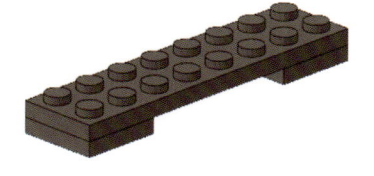

2

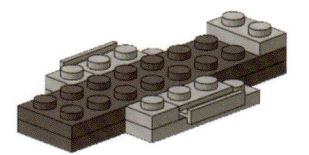

3

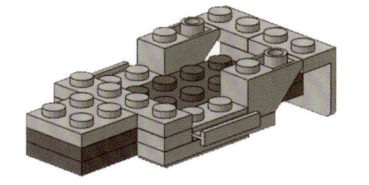

4

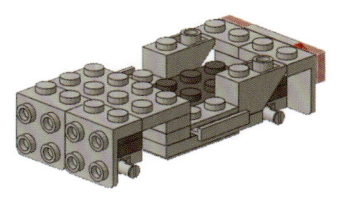

5

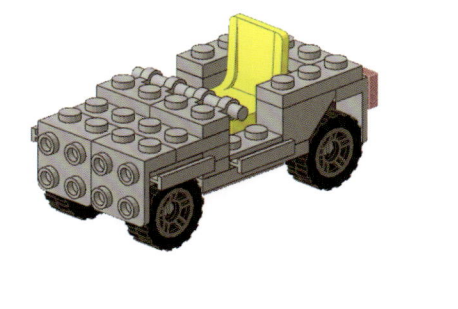

6

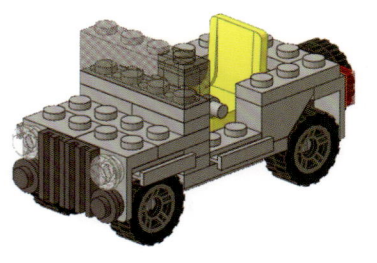

7

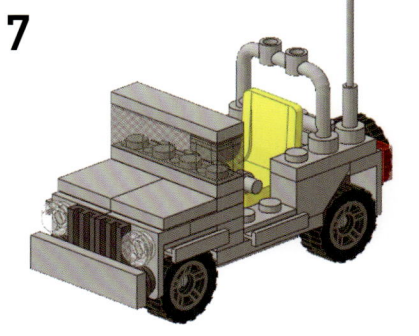

ハマー

アメリカ軍の軍用車「M998 ハンヴィー」を原型とするハマーは、角張ったシェイプと堂々としたサイズで知られるSUVです。タイヤが太く、車高も高いハマーは、おもにオフロード用の装備が施されています。ここでは、1×1のタイル（上部にクリップ）に長さ4の丸棒を挟んだものを使って、がっちりしたルーフラックにしました。また、同じ丸棒を1×1のプレート（側面に水平ポッチ2個付）に通して、車体前面のブルバーを再現しています。

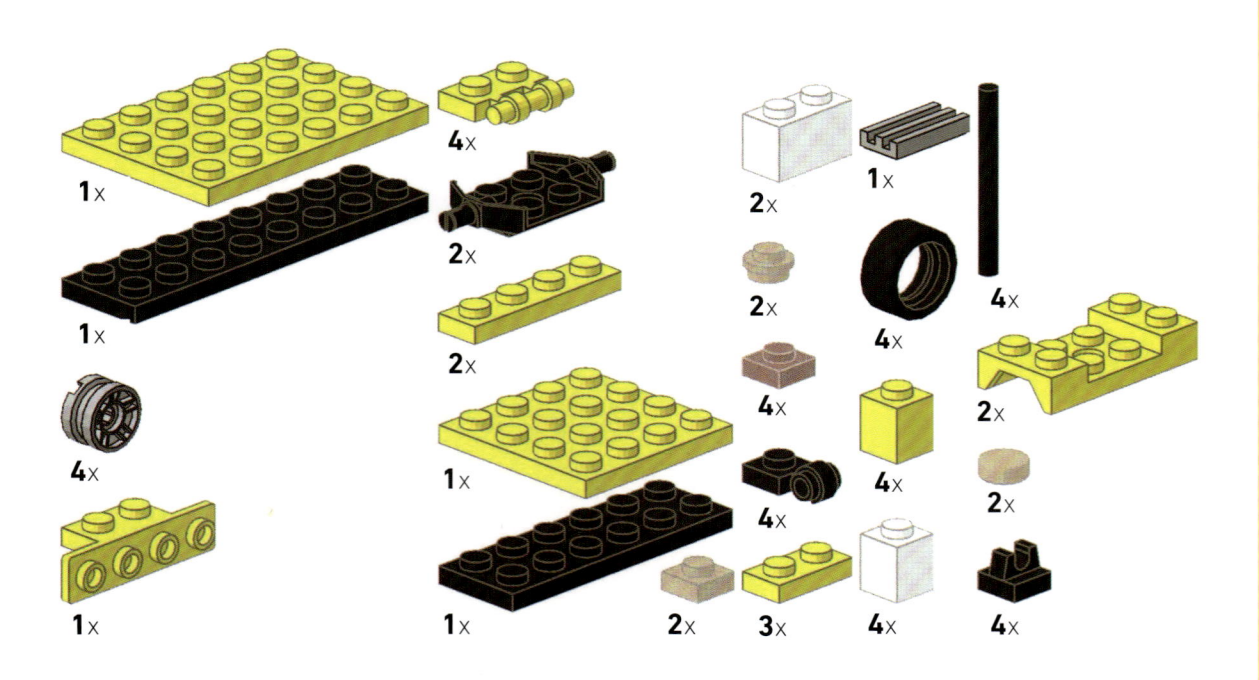

ハマー

1

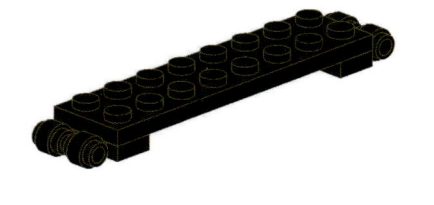

2

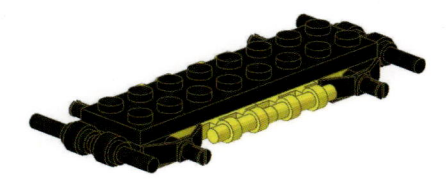

3

4

5

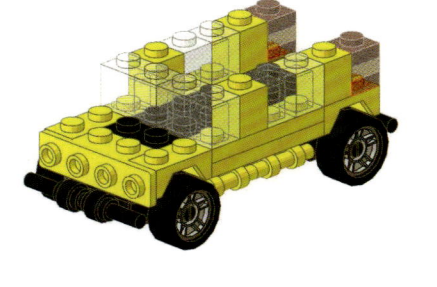

6

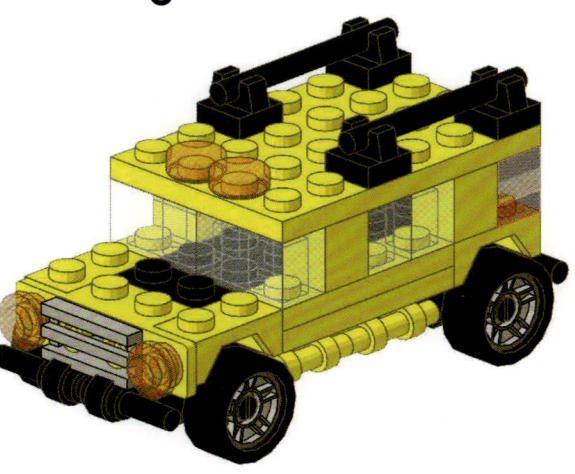

ウォーレン・エルスモア（Warren Elsmore）

テリーサ・"キティ"・エルスモア（Teresa "Kitty" Elsmore）

本書のリサーチ担当兼共著者。幼い頃からのレゴファン。現在も作品を作り続けており、情景に命を吹き込むような細部へのこだわりを見せる。2005年にウォーレン・エルスモアと結婚。以来、多くのプロジェクトを共同で手掛け、レゴから制作料を得るなど、現在はビジネスとしても軌道に乗せている。

ガイ・バグリー（Guy Bagley）

当初は趣味として模型作りを楽しんでいたが、イギリス・ハートフォードシャー大学イギリスで工業用模型制作の単位を取得。以降、職業として取り組むようになった。映画／テレビ業界に短期間身を置いた後、建築模型制作を経て、マテルやハズブロなどの玩具メーカーでデザインを手掛けるようになる。1992年にレゴグループに転籍。レゴランド®ウィンザーの企画・建設を担当。その後、世界中のレゴランド・テーマパーク／レゴランド・ディスカバリー・センターの開設にあたって、リードデザイナー兼モデルショップ・マネージャーを務めた。レゴでの23年間の経験を経て、現在はウォーレン・エルスモアのチームで新たな可能性に挑戦している。

アラステア・ディズリー（Alastair Disley）

プロのレゴ作家であり、建築史学家。ミュージシャンでもある。大学講師を務めていたことも。イギリス、スコティッシュ・ボーダーズ在住。二児の父。

レゴ® レシピ
いろんな車

2017年2月1日　第1刷発行

著者　　　ウォーレン・エルスモア

翻訳　　　吉田周市（デザインクラフト）
装丁・組版　SOUVENIR DESIGN INC.
編集　　　植田阿希（Pont Cerise）

発行人　　北原 浩
編集人　　勝山俊光
編集　　　平山勇介
発行所　　株式会社 玄光社
　　　　　〒102-8716　東京都千代田区飯田橋4-1-5
　　　　　TEL:03-6826-8566（編集部）
　　　　　TEL:03-3263-3515（営業部）
　　　　　FAX:03-3263-3045
　　　　　URL:http://www.genkosha.co.jp